Nestroy | Der Talisman

Johann Nestroy
Der Talisman

Posse mit Gesang in drei Akten

Musik von Adolf Müller

Nachwort von Maria Piok
Anmerkungen von Jürgen Hein

Reclam

RECLAMS UNIVERSAL-BIBLIOTHEK Nr. 14112
1960, 1993, 2021 Philipp Reclam jun. Verlag GmbH,
Siemensstraße 32, 71254 Ditzingen
info@reclam.de
Gestaltung: Cornelia Feyll, Friedrich Forssman
Druck und Bindung: Elanders Waiblingen GmbH,
Anton-Schmidt-Straße 15, 71332 Waiblingen
Printed in Germany 2025
RECLAM, UNIVERSAL-BIBLIOTHEK und
RECLAMS UNIVERSAL-BIBLIOTHEK sind eingetragene Marken
der Philipp Reclam jun. GmbH & Co. KG, Stuttgart
ISBN 978-3-15-014112-0
reclam.de

Personen

TITUS FEUERFUCHS, ein vazierender Barbiergeselle
FRAU VON CYPRESSENBURG, Witwe
EMMA, ihre Tochter
5 CONSTANTIA, ihre Kammerfrau, ebenfalls Witwe
FLORA BAUMSCHEER,
   Gärtnerin, ebenfalls Witwe } im Dienste der Frau von Cypressenburg
PLUTZERKERN, Gärtnergehilfe
MONSIEUR MARQUIS, Friseur
10 SPUND, ein Bierversilberer
CHRISTOPH
HANS } Bauernbursche
SEPPEL
HANNERL, Bauernmädchen
15 EIN GARTENKNECHT
GEORG } Bediente der Frau von Cypressenburg
KONRAD
HERR VON PLATT
NOTARIUS FALK
20 SALOME POCKERL, Gänsehüterin
HERREN, DAMEN, BAUERNBURSCHE,
BAUERMÄDCHEN, BEDIENTE, GÄRTNER

Die Handlung spielt auf dem Gute der Frau von Cypressenburg, nahe bei einer großen Stadt.

25 Erstaufführung auf dem Theater an der Wien am 16. Dezember 1840.

Erster Akt

Die Bühne stellt einen Dorfplatz vor. In der Mitte gegen den Hintergrund ein Brunnen mit zwei sich gegenüberstehenden Steinsitzen, links eine Gartenmauer mit einer kleinen offen stehenden Tür, welche in den Herrschaftsgarten führt.

Erste Szene

Bauernmädchen, darunter Hannerl, treten während dem Ritornell des folgenden Chores aus dem Hintergrunde links auf; Bauernbursche, unter ihnen Christoph, Seppel und Hans.

Chor

DIE MÄDCHEN.
  Au'm Nachkirtag tanzt man schon in aller Fruh,
  Dort kommen die Burschen und holen uns dazu.
DIE BAUERNBURSCHE *(von der Seite rechts auftretend).*
  Wo bleibt's denn? Lasst keine sich sehn, das ist schön,
  Au'm Tanzboden tut's drüber und drunter schon gehn.
DIE MÄDCHEN. Wir sind schon bereit.
DIE BURSCHE. So kommt's, es is Zeit.
ALLE. Es hat jeds sein Gegenteil, die Wahl is nit schwer,
  D' Musikanten, spielt's auf, heut geht's lustig her.
CHRISTOPH *(zu einem Bauernmädchen).* Wir zwei tanzen
  miteinand!
HANS *(zu einer anderen).* Wir zwei sein schon seit zehn
  Kirtäg ein Paar.

HANNERL *(zu einem Burschen)*. Ich tanz auf der Welt mit kein' andern als mit dir.

CHRISTOPH *(nach links in den Hintergrund sehend)*. Da schaut's, da kommt die Salome.

HANNERL. Mit die bassgeig'nfarbnen Haar'!

CHRISTOPH. Was will denn die aufm Kirtag?

HANNERL. Eure Herzen anbrandeln, das is doch klar!

Zweite Szene

Salome. Die Vorigen.

SALOME *(in ärmlich ländlichem Anzug, mit roten Haaren, kommt aus dem Hintergrunde links)*. Da geht's ja gar lustig zu; wird schon aufm Tanzboden gangen, nit wahr?

CHRISTOPH *(kalt)*. Is möglich!

SALOME. Ös werd't's doch nix dagegen haben, wenn ich auch mitgeh?

HANS. No ja – warum nit – hingehn kann jeds.

CHRISTOPH *(mit Beziehung auf ihre Haare)*. Aber 's is weg'n der Feuersg'fahr!

HANS *(ebenso)*. 's is der Wachter dort –

CHRISTOPH *(wie oben)*. Und der hat ein' starken Verdacht auf dich; du hast deine Gäns beim Stadl vorbei'trieben, der vorgestern ab'brennt is.

HANNERL. Und da glaubt man, du hast'n an'zund'n mit deiner Frisur.

SALOME. Das is recht abscheulich, was ihr immer habt's über mich; aber freilich, ich bin die Einzige im Ort, die solche Haar' hat. Für die Schönste wollt's mich nicht gelten lassen, drum setzt's mich als die Wildeste herab.

DIE MÄDCHEN. Ah, das is der Müh wert, die wollt die Schönste sein!

5 CHRISTOPH *(zu Salome)*. Schau halt, dass d' ein' Tänzer find'st.

SEPPEL *(ein sehr hässlicher Bursch)*. Ich tanz mit ihr, was kann mir denn g'schehn?

CHRISTOPH. Was fallt dir denn ein? Ein Kerl wie du wird
10 doch wohl eine andere kriegen?

SEPPEL. Is auch wahr, man muss sich nit wegwerfen.

HANS. Vorwärts! Brodelt's nit so lang herum!

ALLE. Aufn Tanzboden! Juhe! Zum Tanz! *(Alle rechts im Hintergrunde ab.)*

15 Dritte Szene

Salome.

SALOME. Ich bleib halt wieder allein z'ruck! Und warum? Weil ich die rotkopfete Salome bin. Rot ist doch g'wiss a schöne Farb, die schönsten Blumen sein die Rosen, und
20 die Rosen sein rot. Das Schönste in der Natur ist der Morgen, und der kündigt sich an durch das prächtigste Rot. Die Wolken sind doch g'wiss keine schöne Erfindung, und sogar die Wolken sein schön, wann s' in der Abendsonn brennrot dastehn au'm Himmel; drum sag
25 ich: Wer gegen die rote Farb was hat, der weiß nit, was schön is. Aber was nutzt mich das alles, ich hab doch kein', der mich aufn Kirtag führt! – Ich könnt allein hin-

gehn – da spotten wieder die Madeln über mich, lachen und schnattern. Ich geh zu meine Gäns, die schnattern doch nicht aus Bosheit, wann s' mich sehn, und wann ich ihnen 's Futter bring, schaun s' mir auf d' Händ und nit aufn Kopf. *(Sie geht rechts im Vordergrunde ab.)* 5

Vierte Szene

Flora und Plutzerkern kommen aus dem Hintergrunde links. Plutzerkern trägt einen bepackten Korb.

FLORA *(ärgerlich)*. Nein, das is wirklich arg! Das bisserl Weg von der Stadt fünf Viertelstund' herausfahren! 10 Schamen soll sich so ein Stellwagen!

PLUTZERKERN. Warum denn? Er heißt ja desstwegen Stellwagen, weil er von der Stell nicht weiterkommt.

FLORA. Schad, dass du mit deiner Langsamkeit kein Stellwag'n worden bist. 15

PLUTZERKERN. Dazu fehlet mir die Pfiffigkeit. Ein Stellwagen is das pfiffigste Wesen auf der Welt, weil er ohne Unterschied des Standes jeden Menschen aufsitzen lasst.

FLORA. Ich glaub, du hast wieder dein' witzigen Tag, da bist du noch unerträglicher als gewöhnlich. 20

PLUTZERKERN. Schimpfen S' zu, lassen S' Ihre Gall aus an mir! Lang wird's so nit mehr dauern.

FLORA. Willst du etwa aus dem Dienst der gnädigen Frau gehn? Das wär g'scheit.

PLUTZERKERN. O nein; aber Sie werden gewiss bald heira- 25 ten, dann ist Ihrer Sekkatur ein neues Feld eröffnet, und ich bin nicht mehr der Spielraum Ihrer Z'widrigkeit.

FLORA. Dummer Mensch! Ich werd mich nie mehr verheiraten, ich bleib meinem Verstorbenen getreu.

PLUTZERKERN. Vielleicht sieht er's ein nach sein' Tod; bei Lebzeiten hat er's nie recht glauben wollen.

5 FLORA. Wenn ich die gnädige Frau wär, ich hätt Ihn schon lang gejagt.

PLUTZERKERN *(mit Beziehung)*. Wenn ich die gnädige Frau wär, blieb auch nicht alles im Haus.

FLORA. Wer weiß, ob Er nicht bald springt! Ich hab die Er-
10 laubnis, einen flinken, rüstigen Burschen aufzunehmen.

PLUTZERKERN. Das is recht, dann is doch die Plag nicht mehr so groß! Ich gieß den Winterradi, mehr Einfluss verlang ich mir nit.

FLORA. Geh Er jetzt zum G'vatter Polz, der will mir einen
15 Gartenknecht rekommandieren.

PLUTZERKERN. Gut, vielleicht wird aus dem Knecht Ihr künftiger Herr.

FLORA. Warum nicht gar! Von mir bekommt jeder einen Korb.

20 PLUTZERKERN. Leider, das g'spür ich! Jetzt müssen Sie ihn aber wieder nehmen, wenn ich zum G'vattern soll. *(Gibt ihr den bepackten Korb.)*

FLORA. Mach Er geschwind, langweiliger Mensch! *(Ab in die Gartentüre.)*

25 PLUTZERKERN *(allein)*. Hm, hm! Der Garten ist doch nicht so verwahrlost, und wie's die treibt um den flinken, rüstigen Gartenknecht – hm, hm! *(Geht rechts ab.)*

Fünfte Szene

Titus Feuerfuchs tritt während des Ritornells des folgenden Liedes erzürnt von rechts vorne auf.

Lied

1.

Der hat weiter nit g'schaut,   5
Beinah hätt ich 'n g'haut;
Der Spitzbub, 's is wahr,
Lacht mich aus weg'n die Haar'!
Wen geht's denn was an,   10
Ich hoff doch, ich kann
Haar' hab'n, wie ich will,
Jetzt wird's mir schon z' viel!

Rote Haar' von ein' falschen Gemüt zeig'n soll'n?
's is 's Dümmste, wann d' Leut nach die Haar' urteil'n   15
                         woll'n.
's gibt G'schwufen g'nug mit ein' kohlrab'nschwarzen
                         Haupt,

Und jede is ang'schmiert, die ihnen was glaubt;
Manch blondg'lockter Jüngling is beim Tag so still   20
Und schmachtend – warum? Bei der Nacht lumpt er
                         z' viel!

Und mit eisgraue Haar' schaun die Herrn aus so g'scheit
Und sein oft verruckter noch als d' jungen Leut!

Drum auf d' Haar' muss man gehn,
Nachher trifft man's schon schön.

2.
(Drohend in die Szene blickend, von woher er
gekommen.)
Mir soll einer traun,
Der wird sich verschaun,
Auf Ehr, dem geht's schlecht,
Denn ich beutl' ihn recht;
Der Kakadu is verlor'n,
Wenn ich in mein' Zorn
Über d' Haar' ein' kumm,
Der geht glatzkopfet um.

Die rothaarig'n Madeln, heißt's, betrüg'n d' Männer
sehr;
Wie dumm! Das tun d' Madeln von jeder Couleur.
Die schwarz'n, heißt's, sein feurig, das tut d' Männer
locken,

Derweil is a Schwarze oft d' fadeste Nocken.
Die Blonden sein sanft? Oh! A Blonde is a Pracht!
Ich kenn eine Blonde, die rauft Tag und Nacht.
Doch mit graue Haar' sein s' treu, na, da stund man
dafur,
Nit wahr is, die färb'n sich s' und geb'n auch keine Ruh –

Drum auf d' Haar' muss man gehn,
Nachher trifft man's schon schön.

So kopflos urteilt die Welt über die Köpf, und wann man sich auch den Kopf aufsetzt, es nutzt nix. Das Vorurteil is eine Mauer, von der sich noch alle Köpf, die gegen sie ang'rennt sind, mit blutige Köpf zurückgezogen haben. Ich hab meinen Wohnsitz mit der weiten Welt vertauscht, und die weite Welt is viel näher, als man glaubt. Aus dem Dorngebüsch z'widrer Erfahrungen einen Wanderstab geschnitzt, die Chiappa-via-Stiefeln angezogen und 's Adje-Kappel in aller Still geschwungen, so is man mit einem Schritt mitten drin in der weiten Welt. – Glück und Verstand gehen selten Hand in Hand – ich wollt', dass mir jetzt ein recht dummer Kerl begegnet', ich sähet das für eine gute Vorbedeutung an.

Sechste Szene

Titus. Plutzerkern.

PLUTZERKERN. Der Weg war auch wieder umsonst! – *(Titus erblickend.)* Ein Fremder gestaltet sich vor meinem Blick?
TITUS *(für sich)*. Schicksal, ich glaub, du hast mich erhört.
PLUTZERKERN *(Titus musternd)*. Der B'schreibung nach, die mir der Herr Polz g'macht hat, könnt das der sein, den er erwart't. Wuchs groß, Mund groß, Augen sehr groß, Ohren verhältnismäßig – nur die Haar' –? *(Zu Titus.)* Sucht der Herr hier ein Brot?
TITUS. Ich such Geld, 's Brot wüsst ich mir nachher schon z' finden.

PLUTZERKERN *(für sich)*. Er sucht Geld – und das verdächtige Aussehen – *(laut)* auf d' Letzt is Er ein Schatzgraber?

TITUS. Wenn mir der Herr ein' Ort zeigt, wo einer liegt, so nimm ich gleich bei ein' Maulwurf Lektion.

PLUTZERKERN. Oder is Er gar ein Rauber?

TITUS. Bis jetzt noch nicht, mein Talent ist noch in einer unentwickelten Bildungsperiode begriffen.

PLUTZERKERN. Versteht Er die Gartnerei?

TITUS. Ich qualifiziere mich zu allem.

PLUTZERKERN *(für sich)*. Er is es! *(Zu Titus.)* Er möcht also bei unserer jungen, saubern Gartnerin-Witwe Gehilfe werden?

TITUS. Gehilfe der Witwe? – Wie g'sagt, ich qualifizier mich zu allem.

PLUTZERKERN. Mit so einem G'hilfen wär ihr schon g'holfen – wie die mich jaget, wann ich ihr das Florianiköpfel brächt!

TITUS *(erzürnt)*. Herr, diese Äußerung empört mein Innerstes.

PLUTZERKERN. Fahrst ab, rote Rub'n? *(Geht stolz in die Gartentür ab.)*

Siebente Szene

Titus allein, Plutzerkern mit stummem Ärger nachsehend.

TITUS. Ich bin entwaffnet! Der Mensch hat so etwas Dezidiertes in seiner Grobheit, dass es einem rein die Red verschlagt. Recht freundlich, recht liebreich kommt man mir entgegen! In mir organisiert sich aber auch schon Misanthropisches – ja – ich hass dich, du inhumane Menschheit, ich will dich fliehen, eine Einöde nehme mich auf, ganz eseliert will ich sein! – Halt, kühner Geist, solcher Entschluss ziemt dem Gesättigten, der Hungrige führt ihn nicht aus. Nein, Menschheit, du sollst mich nicht verlieren. Appetit is das zarte Band, welches mich mit dir verkettet, welches mich alle Tag drei-, viermal mahnt, dass ich mich der Gesellschaft nicht entreißen darf. – *(Nach rechts sehend.)* Dort zeigt sich ein Individuum und treibt andere Individuen in ein Stallerl hinein, Ganseln sind's – Ganseln! – O Hüterin, warum treibst du diese Ganseln nicht als a brat'ner vor dir her, ich hätt mir eines als Zwangsdarlehen zugeeignet.

Achte Szene

Titus. Salome von rechts auftretend, ohne Titus zu bemerken, hat einen großen halben Laib Brot und ein Messer in der Hand.

SALOME. Ich muss trinken, mi druckt's im Magen. *(Sie geht zum Brunnen und trinkt.)*

TITUS *(für sich).* Die druckt's im Magen! Oh, könnt ich dieses selige Gefühl mit ihr teilen!

SALOME *(ihn bemerkend, für sich).* Ein fremder junger Mensch – und die schönen Haar', grad wie ich!

TITUS *(für sich).* Bin neugierig, ob die auch »rote Rub'n!« sagt. *(Laut.)* Grüß dich Gott, wahlverwandtes Wesen!

SALOME. Gehorsamste Dienerin, schöner Herr!

TITUS *(halb für sich)*. Die find't, dass ich schön bin, das ist die Erste unter allen –

SALOME. Oh, hören S' auf, ich bin die Letzte hier im Ort, ich bin die Ganselhüterin, die arme Salome.

5 TITUS. Arm? Ich bedaure dich, sorgsame Erzieherin junger Gänse! Deine Kolleginnen in der Stadt sind viel besser daran, und doch erteilen sie häufig ihren Zöglingen in einer Reihe von Jahren eine nur mangelhafte Bildung, während du die deinigen alle Martini vollkommen aus-
10 gebildet für ihren schönen Beruf der Menschheit über-lieferst.

SALOME. Ich versteh Ihnen nit, aber Sie reden so schön da-her – wer is denn Ihr Vater?

TITUS. Er ist gegenwärtig ein verstorbener Schulmeister.

15 SALOME. Das ist schön! Und Ihre Frau Mutter?

TITUS. War vor ihrem Tod längere Zeit verehelichte Gattin ihres angetrauten Gemahls.

SALOME. Ah, das is schön!

TITUS *(für sich)*. Die find't alles schön, ich kann so dumm
20 daherreden, als ich will.

SALOME. Und darf man Ihren Namen wissen – wenigstens den Taufnamen?

TITUS. Ich heiß Titus.

SALOME. Das is ein schöner Nam'.

25 TITUS. Passt nur für einen Mann von Kopf.

SALOME. Aber so selten is der Nam'!

TITUS. Ja, und ich hör, er wird bald ganz abkommen. Die Eltern fürchten alle, sich in Zukunft zu blamieren, wenn sie die Kinder so taufen lassen.

30 SALOME. Und lebendige Verwandte haben Sie gar keine?

TITUS. O ja! Außer den erwähnten Verstorbenen zeigen

sich an meinem Stammbaum noch deutliche Spuren eines Herrn Vetters, aber der tut nix für mich.

SALOME. Vielleicht hat er nix.

TITUS. Kind, frevele nicht, er ist Bierversilberer, die haben alle was! Das sein gar fleißige Leut; die versilbern nicht nur das Bier, sie vergolden auch ihre Kassa.

SALOME. Haben Sie ihm vielleicht was getan, dass er Ihnen nit mag?

TITUS. Sehr viel, ich hab ihn auf der empfindlichsten Seite angegriffen. Das Aug ist der heiklichste Teil am Menschen, und ich beleidige sein Aug, sooft er mich anschaut, denn er kann die roten Haar' nit leiden.

SALOME. Der garstige Ding!

TITUS. Er schließt von meiner Frisur auf einen falschen, heimtückischen Charakter, und wegen diesem Schluss verschließt er mir sein Herz und seine Kassa.

SALOME. Das ist abscheulich!

TITUS. Mehr dumm als abscheulich. Die Natur gibt uns hierüber die zarteste Andeutung. Werfen wir einen Blick auf das liebe Tierreich, so werden wir finden, dass die Ochsen einen Abscheu vor der roten Farb haben, und unter diesen wieder zeigen die totalen Büffeln die heftigste Antipathie – welch ungeheure Blöße also gibt sich der Mensch, wenn er rote Vorurteile gegen die rote Farb zeigt!

SALOME. Nein, wie Sie g'scheit daherreden! Das sähet man Ihnen gar nit an.

TITUS. Schmeichlerin! Dass ich dir also weiter erzähl über mein Schicksal! Die Zurückstoßung meines Herrn Vetters war nicht das einzige Bittere, was ich hab schlucken müssen. Ich hab in dem Heiligtum der Lieb mein Glück

suchen wollen, aber die Grazien haben mich für ge-
schmackswidrig erklärt. Ich hab in den Tempel der
Freundschaft geguckt, aber die Freund sind alle so witzig,
da hat's Bonmots g'regnet auf mein' Kopf, bis ich ihn auf
5 ewige Zeiten zurückgezogen hab. So ist mir ohne Geld,
ohne Lieb, ohne Freundschaft meine Umgebung uner-
träglich word'n; da hab ich alle Verhältnisse abg'streift,
wie man einen wattierten Kaput auszieht in der Hitz,
und jetzt steh ich in den Hemdärmeln der Freiheit da.
10 SALOME. Und g'fallt's Ihnen jetzt?
TITUS. Wenn ich einen Versorgungsmantel hätt, der mich
vor dem Sturm der Nahrungssorgen schützet –
SALOME. Also handelt es sich um ein Brot? Na, wenn der
Herr arbeiten will, da lasst sich Rat schaffen. Mein Bru-
15 der is Jodel hier, sein Herr, der Bäck, hat eine große Wirt-
schaft, und da brauchen s' ein' Knecht –
TITUS. Was? Ich soll Knecht werden? Ich? Der ich bereits
Subjekt gewesen bin?
SALOME. Subjekt? Da hab'n wir auch ein' g'habt, der das
20 war, der is aber aufm Schub fort'kommen.
TITUS. Warum?
SALOME. Weil er ein schlechtes Subjekt war, hat der Rich-
ter g'sagt.
TITUS. Ah, das is ja nit so. Um aber wieder auf deinen Bru-
25 dern zu kommen – *(auf den Brotlaib, den Salome trägt,
deutend)* hat er dieses Brot verfasst?
SALOME. G'wiss war er auch dabei, wie der Laib – natürlich
als Jodel.
TITUS. Ich möcht doch sehen, wie weit es dein Bruder in
30 dem Studium der Brotwissenschaft gebracht hat.
SALOME. Na, kosten Sie's! Es wird Ihnen aber nicht be-

hagen. *(Sie schneidet ein sehr kleines Stück Brot ab und gibt es ihm.)*

TITUS *(essend)*. Hm – es ist –

SALOME. Mein' Ganseln schmeckt's wohl, natürlich, 's Vieh hat keine Vernunft.

TITUS *(für sich)*. Der Stich tut weh: Mir schmeckt's auch.

SALOME. Na, was sagen S'? Nit wahr, 's is schlecht?

TITUS. Hm! Ich will deinen Brudern nicht so voreilig verdammen. Um ein Werk zu beurteilen, muss man tiefer eindringen. *(Nimmt den Brotlaib und schneidet ein sehr großes Stück ab.)* Ich werde prüfen und dir gelegentlich meine Ansichten mitteilen. *(Steckt das Stück Brot in die Tasche.)*

SALOME. Also bleiben S' doch noch ein' Zeit da bei uns? Das is recht! Den Stolz muss man ablegen, wenn man nix hat! Und 's wird Ihnen recht gutgehn da, wenn Ihnen nur der Bäck aufnimmt.

TITUS. Ich hoffe alles vom Jodel seiner Protektion.

SALOME. Es wird schon gehn. *(Nach links in den Hintergrund sehend und erschreckend.)* Sie, da schaun S' hin!

TITUS *(hinsehend)*. Das Pirutsch? – 's Ross lauft dem Wasser zu – Million, alles is hin! *(Rennt im Hintergrund links ab.)*

Neunte Szene

Salome allein.

SALOME. Er wird doch nicht gar? – Er rennt hin – wenn ihm nur nichts g'schicht – er packt 's Pferd – 's reißt ihn nieder! – *(Aufschreiend.)* Ah! 's Pferd steht still – er hat's

aufg'halten – das is a Teuxelsmensch! Ein Herr steigt
ausm Wagen – er kommt daher mit ihm. Ah, das muss
ich gleich dem Bäcken erzählen! Wenn er das hört,
nimmt er den Menschen g'wiss! *(Läuft rechts ab.)*

5 Zehnte Szene

Monsieur Marquis. Titus.

MARQUIS. Ah! Der Schreck steckt mir noch in allen Glie-
dern.

TITUS. Belieben sich da ein wenig niederzusetzen!

10 MARQUIS *(sich auf eine Steinbank setzend)*. Verdammter
Gaul, ist in seinem Leben noch nicht durchgegangen!

TITUS. Belieben vielleicht eine Verrenkung zu empfinden?

MARQUIS. Nein, mein Freund.

TITUS. Oder belieben vielleicht sich einen Arm gebrochen

15 zu haben?

MARQUIS. Gott sei Dank, nein!

TITUS. Oder belieben vielleicht eine kleine Zerschmette-
rung der Hirnschale?

MARQUIS. Nicht im Geringsten – auch hab ich mich bereits

20 erholt, und nichts bleibt mir übrig, als Ihnen Beweise
meines Dankes –

TITUS. Oh, ich bitte –!

MARQUIS. Drei junge Leute standen da, die mich kennen,
die schrien aus vollem Halse: »Monsieur Marquis! Mon-

25 sieur Marquis! Der Wagen stürzt ins Wasser!«

TITUS. Was? – Ein' Marquis hab ich gerettet? – Das is was
Großes!

MARQUIS *(in seiner Rede fortfahrend).* Aber hilfreiche Hand leistete keiner! Da kamen Sie als Retter herbeigeflogen –

TITUS. Allgemeine Menschenpflicht!

MARQUIS. Und gerade im entscheidenden Moment – 5

TITUS. Besonderer Zufall!

MARQUIS *(aufstehend).* Ihr Edelmut setzt mich in Verlegenheit. Ich weiß nicht, wie ich meinen Dank – mit Geld lässt sich so eine Tat nicht lohnen –

TITUS. Oh, ich bitt, Geld ist eine Sache, die – 10

MARQUIS. Die einen Mann von solcher Denkungsart nur beleidigen würde!

TITUS. Na, jetzt, sehen Sie – das heißt –

MARQUIS. Das heißt den Wert Ihrer Tat verkennen, wenn man sie durch eine Summe aufwiegen wollte. 15

TITUS. Es kommt halt drauf an –

MARQUIS. *Wer* eine solche Tat vollführt! Es hat einmal einer – ich weiß nicht, wie er geheißen hat – einem Prinzen – ich weiß nicht, wie er geheißen hat – das Leben gerettet; der wollte ihn mit Diamanten lohnen, da entgegnete der Retter: »Ich finde in meinem Bewusstsein den schönsten Lohn!« Ich bin überzeugt, dass Sie nicht weniger edel denken als der, wo ich nicht weiß, wie er geheißen hat. 20

TITUS. Es gibt Umstände, wo der Edelmut – 25

MARQUIS. Auch durch zu viele Worte unangenehm affiziert wird, wollten Sie sagen? Ganz recht; der wahre Dank ist ohnedies stumm. Drum gänzliches Stillschweigen über die Geschichte!

TITUS *(für sich).* Der Marquis hat ein Zartgefühl – wenn er 30 ein schundiger Kerl wär, hätt ich grad 's Nämliche davon.

MARQUIS *(Titus' Haare scharf betrachtend)*. Aber, Freund, ich mache da eine Bemerkung – hm, hm – das kann Ihnen in vielem hinderlich sein.

TITUS. Mir scheint, Euer Gnaden is mein Kopf nicht recht – ich hab kein' andern und kann mir kein' andern kaufen.

MARQUIS. Vielleicht doch – ich werde – ein kleines Andenken müssen Sie doch von mir – warten Sie einen Augenblick! *(Läuft im Hintergrunde links ab.)*

Elfte Szene

Titus allein.

TITUS. Es hat nix g'fehlt, als dass er aus Dankbarkeit: »Rote Rub'n!« g'sagt hätt. Das ist ein lieber Marquis! – Was tut er denn? *(In die Szene sehend.)* Er rennt zum Pirutsch – er sucht drin herum – »Andenken« hat er g'sagt? Auf d' Letzt macht er mir doch ein wertvolles Präsent! – Was is denn das? A Hutschachtel hat er herausg'nommen – er läuft her damit – er wird mir doch nicht für das, dass ich sein junges Leben gerettet hab, einen alten Hut schenken?

Zwölfte Szene

Titus. Marquis.

MARQUIS *(mit einer Schachtel)*. So, Freund, nehmen Sie das, Sie werden's brauchen! Die gefällige äußere Form macht viel – beinahe alles – es wird Ihnen nicht fehlen.

Hier ist ein Talisman *(gibt ihm die Schachtel)*, und mich wird's freuen, wenn ich der Gründer Ihres Glücks war. Adieu, Freund! Adieu! *(Eilt in den Hintergrund links ab.)*

Dreizehnte Szene

Titus allein, etwas verblüfft die Schachtel in der Hand 5
haltend.

TITUS. Glück gründen? – Talisman? – Da bin ich doch neugierig, was da drin steckt. *(Öffnet die Schachtel und zieht eine schwarze Perücke heraus.)* A Perücken –! Nix als eine kohlrabenschwarze Perücken! Ich glaub gar, der will sich 10
lustig machen über mich –! *(Ihm nachrufend.)* Wart, du lebendiger Perückenstock, ich verbitte mir alle Witzboldungen und Zielscheibereien! – Aber halt? War denn das nit schon längst mein Wunsch? Haben mich nicht immer nur die unerschwinglichen fünfzig Gulden, die eine 15
täuschende Tour kost't, abgehalten? – Talisman, hat er g'sagt – er hat recht! Wenn ich diese Tour aufsetz, so sinkt der Adonis zum Rastelbinderbub'n herab, und der Narziss wird ausg'strichen aus der Mythologie. Meine Karriere geht an, die Glückspforte öffnet sich –! *(Auf die* 20
offene Gartentüre blickend.) Schau, die Tür steht grad offen da, wer weiß –? Ich reskier's; ein' schönen Kerl schlagt's nirgends fehl. *(Geht in die Gartentüre ab.)*

Vierzehnte Szene

Titus. Salome aus rechts vorne.

SALOME *(kommend).* Ach, mein liebster Mussi Titus, das is ein Unglück!

5 TITUS *(sich umsehend).* Die Salome –! Was is denn g'schehn?

SALOME. Der Bäck nimmt Ihnen nicht. Ich kann Ihnen nicht helfen, 's druckt mich völlig zum Weinen.

TITUS. Und mich kitzelt's zum Lachen. Also is das gar so schwer, bei euch da ein Knecht zu wer'n?

10 SALOME. Der Bäck hat g'sagt: er hat erstens Ihre Zeugnisse nicht g'sehn, und dann sind ihm so viele anempfohlen, er ist bei Vergebung dieser Stelle an Rücksichten gebunden –

TITUS. Schad, dass er keinen Konkurs ausschreiben lasst!

15 Meine liebe Salome, mir sind andere Aussichten eröffnet: Ich bin aufs Schloss berufen.

SALOME. Aufs Schloss? Das kann ja nit sein. Oh, wann Ihnen die gnädige Frau sieht, jagt sie Ihnen augenblicklich davon! *(Mit Beziehung auf ihre Haare.)* Darf ja ich mich

20 auch gar nicht blicken lassen vor ihr!

TITUS. Die Antipathien der Gnädigen sind Nebensache, seitdem sich bei mir die Hauptsachen verändert haben. Ich geh mit kecker Zuversicht meinem Glück entgegen.

SALOME. Na, ich wünsch Ihnen viel Glück zu Ihrem Glück!

25 's is völlig nit recht, aber 's schmerzt mich halt doch, dass mir wieder a Hoffnung in' Brunn' g'fallen is.

TITUS. Was denn für a Hoffnung?

SALOME. Wenn Sie als meinesgleichen da'blieben wären, hätt's g'heißen, das sind die zwei Wildesten im Ort, das is der rote Titus, das is die rote Salome! Den Titus hätt kein Madel ang'schaut, so wie die Salome keiner von die Burschen.

TITUS. Der auf einen einzigen Gegenstand reduzierte Titus hätt müssen eine Nolens-volens-Leidenschaft fassen.

SALOME. Es wär zwischen uns gewiss die innigste Freundschaft –

TITUS. Und der Weg von Freundschaft bis zur Liebe is eine blumenreiche Bahn.

SALOME. Na, jetzt so weit hab ich no gar nit denkt.

TITUS. Warum? – Gedanken sind zollfrei.

SALOME. Ah, nein; es gibt Gedanken, für die man den Zoll mit der Herzensruh bezahlt. Meine Plan' gehn mir nie aus.

TITUS. Ja, der Mensch denkt, und – *(beiseite)* die Parucken lenkt, so heißt's bei mir. Also ades, Salome! *(Will ab.)*

SALOME. Nur nit gar so stolz, Mussi Titus, Sie könnten ein' schon ein bissl freundlich bei der Hand nehmen und sagen: Pfürt dich Gott, liebe Salome!

TITUS. Freilich! *(Reicht ihr die Hand.)* Wir scheiden ja als die besten Freund.

SALOME *(kopfschüttelnd)*. Leben S' wohl! Vielleicht seh ich Ihnen bald wieder.

TITUS. Das is sehr eine ungewisse Sach!

SALOME. Wer weiß! Sie gehn so stolz bei der Tür hinein, dass ich immer glaub, ich werd's noch sehn, wie s' Ihnen bei der nämlichen Tür herauswerfen wer'n.

TITUS. Du prophezeihst eine günstige Katastrophe.

SALOME *(auf die Steinbank zeigend)*. Da werd ich mich hersetzen alle Tag, auf die Tür hinschaun –

TITUS. Und drauf warten, bis man mich in deine Arme schleudert. Gut, mach dir diese Privatunterhaltung,

pfürt dich Gott! Mein Schicksal ruft: »Schön herein da!«
Ich folge diesem Ruf und bringe mich selbst als Apportel. *(Geht in die Gartentüre ab.)*

Fünfzehnte Szene

Salome allein.

SALOME. Da geht er, und ich weiß nicht – ich hab eh kein
Glück g'habt, und mir kommt jetzt vor, als wenn er noch
was mitgenommen hätt davon. Wenn ich mir's nur
ausm Sinn schlagen könnt! Aber wie denn? Mit was
denn? Wär ich a Mannsbild, wusst' ich mir schon z' helfen; aber so – die Mannsbilder haben 's halt doch in allen
Stücken gut gegen uns.

Lied

1.

Wenn uns einer g'fallt und versteht uns nit glei',
Was soll man da machen, 's is hart, meiner Treu!
A Mann, der hat's leicht, ja, der rennt einer nach,
Und merkt sie's nit heut, so merkt sie's in vierzehn
                                                    Tag,
Er tut desperat, fahrt mit 'n Kopf geg'n die Wand,
Aber dass er's nit g'spürt, macht er's so mit
                                        der Hand!
Und 's Madel gibt nach, dass er sich nur nix tut –
Ja, die Männer hab'n 's gut, hab'n 's gut, hab'n 's gut!

2.

Wenn uns einer kränkt, das is weiter kein Jammer,
Was können wir tun? Nix als wana in der Kammer!
Kränken wir einen Mann, tut's ihn nit stark ergreifen,
Er setzt sich ins Wirtshaus und stopft si sei Pfeifen. 5
Wir glaub'n, er verzweifelt, derweil isst er ein' Kas,
Trinkt ein' Heurigen und macht mit der Kellnerin
G'spaß,
Schaut im Hamgehn einer andern glei hübsch untern
Hut – 10
Ja, die Männer hab'n 's gut, hab'n 's gut, hab'n 's gut!

3.

Hat a Madel die zweite oder dritte Amour,
Is ihr Ruf schon verschandelt, und nachher is zur.
In dem Punkt is a Mann gegen uns rein a Köni, 15
Wann er fünfzig Madeln anschmiert, verschlagt ihm
das weni,
Auf so ein' Halodri hab'n d' Madln erst Schneid,
Und g'schieht es aus Lieb nit, so g'schieht es aus Neid,
Dass man sich um ein' solchen erst recht reißen tut – 20
Ja, die Männer hab'n 's gut, hab'n 's gut, hab'n 's gut.
(Geht ab.)

Verwandlung

Zimmer in der Wohnung der Gärtnerin, mit Mitteltür,
rechts eine Seitentür, links ein Fenster. 25

Sechzehnte Szene

Flora zur Mitte auftretend.

FLORA. Das Unkraut Gall und Verdruss wachst mir jetzt
schon zu dick auf mein' Geschäftsacker, ich kann's nicht
mehr allein ausjäten. Mein seliger Mann hat kurz vorher,
als er selig worden ist, g'sagt, ich soll Wittib bleiben – wie
kann ein seliger Mann so eine unglückselige Idee haben?
Die Knecht haben keine Furcht, kein' Respekt, ich muss
ihnen einen Herrn geben, dessen Frau ich bin. Mein Seliger wird den Kopf beuteln in die Wolken! Wann er mir
etwan gar als Geist erscheinet, wann's auf einmal so
klopfet bei der Nacht – *(es wird an die Tür geklopft; ängst-
lich aufschreiend)* ah! *(Hält sich wankend am Tische.)*

Siebzehnte Szene

*Flora. Titus mit schwarzer Haartour zur Mitte herein-
stürzend.*

TITUS. Is ein Unglück g'schehn? Oder kirren Sie vielleicht
jedes Mal so statt 'm Hereinsagen?
FLORA *(sich mühsam fassend)*. Nein, bin ich erschrocken!
TITUS *(für sich)*. Seltenes Geschöpf, sie erschrickt, wenn
einer anklopft! Sonst ist den Frauenzimmern nur das
schrecklich, wann keiner mehr anklopft.
FLORA. Der Herr wird sich drüber wundern, dass ich so
schwache Nerven hab?
TITUS. Wundern über das Allgemeine? O nein! Die Ner-

ven von Spinnengeweb', d' Herzen von Wachs und d' Köpferl von Eisen, das is ja der Grundriss der weiblichen Struktur.

FLORA *(beiseite)*. Recht ein angenehmer Mensch – und die rabenschwarzen Haar'! – Ich muss aber doch *(laut und in etwas strengem Ton)*, wer is der Herr und was will der Herr?

TITUS. Ich bitt, die Ehr is meinerseits! Ich bin Ihr untertänigster Knecht und empfehl mich.

FLORA *(nickt ihm erstaunt ein kurzes Adieu zu, weil sie glaubt, er will fort; als er stehenbleibt, sagt sie nach einer Pause)*. Na? Diese Red sagt man, wenn man fortgehn will.

TITUS. Ich aber sag sie, weil ich dableiben will. Sie brauchen ein' Knecht, und als solchen empfehl ich mich.

FLORA. Was? Der Herr is ein Knecht?

TITUS. Zur Gärtnerei verwendbar.

FLORA. Als Gehilfe?

TITUS. Ob Sie mich Gehilfe nennen oder Gärtner oder – das is alles eins; selbst – ich setz nur den Fall – wenn es mir als Gärtner gelingen sollte, Gefühle in Ihr Herz zu pflanzen – ich setz nur den Fall –, und Sie mich zum unbeschränkten Besitzer dieser Plantage ernennen sollten – ich setz nur den Fall –, selbst dann würde ich immer nur Ihr Knecht sein.

FLORA *(beiseite)*. Artig is der Mensch – aber – *(laut)* Seine Reden sind etwas kühn, etwas vorlaut!

TITUS. Bitt untertänig, wenn man sagt: »Ich setz nur den Fall«, da darf man alles sagen.

FLORA. Er ist also –

TITUS. Ein exotisches Gewächs: Nicht auf diesem Boden

gepflanzt, durch die Umstände ausgerissen und durch
den Zufall in das freundliche Gartengeschirr Ihres Hauses versetzt, und hier, von der Sonne Ihrer Huld beschie-
nen, hofft die zarte Pflanze, Nahrung zu finden.

5 FLORA. Da fragt es sich vor allem, ob Er die Gärtnerei
versteht?

TITUS. Ich habe Menschenkenntnis, folglich auch Pflan-
zenkenntnis.

FLORA. Wie geht denn das zusammen?

10 TITUS. Sehr gut! Wer Menschen kennt, der kennt auch die
Vegetabilien, weil nur sehr wenig Menschen leben – und
viele, unzählige aber nur vegetieren. Wer in der Fruh
aufsteht, in die Kanzlei geht, nacher essen geht, nacher
präferanzeln geht und nacher schlafen geht, der vege-
15 tiert; wer in der Fruh ins G'wölb geht und nacher auf die
Maut geht und nacher essen geht und nacher wieder ins
G'wölb geht, der vegetiert; wer in der Fruh aufsteht,
nacher a Roll durchgeht, nacher in die Prob geht, nacher
essen geht, nacher ins Kaffeehaus geht, nacher Komödie
20 spiel'n geht, und wenn das alle Tag so fortgeht, der vegetiert. Zum Leben gehört sich, billig berechnet, eine
Million, und das is nicht genug; auch ein geistiger Auf-
schwung g'hört dazu, und das find't man höchst selten
beisammen! Wenigstens, was ich von die Millionär
25 weiß, so führen fast alle aus millionärrischer Gewinn-
vermehrungspassion ein so fades, trockenes Geschäfts-
leben, was kaum den blühenden Namen »Vegetation«
verdient.

FLORA (beiseite). Der Mensch muss die höhere Gärtnerei
30 studiert haben! (Laut.) So dunkel Sein Kopf auswendig
is, so hell scheint er inwendig zu sein.

TITUS. Sind Ihnen vielleicht die schwarzen Haar' zuwider?

FLORA. Zuwider? Er Schelm wird nur zu gut wissen, dass ein schwarzer Lockenkopf einem Mann am besten lasst.

TITUS *(für sich)*. Die Peruck'n wirkt!

FLORA. Er will also hier einen Dienst? Gut, Er is aufgenommen. Aber nicht als Knecht! Er zeigt Kenntnisse, Eigenschaften, besitzt ein vorteilhaftes Äußeres –

TITUS *(für sich)*. Die Peruckenkraft wirkt heftiger!

FLORA. Er soll die Aufsicht über das Gartenpersonale haben, Er soll den übrigen Befehle erteilen; Er soll nach mir im Garten der Erste sein.

TITUS *(beiseite)*. Die Peruck'n hat gesiegt! *(Laut.)* Ich weiß so wenig, wie ich mich bedanken soll, als ich weiß, wie ich zu solchem Glück komme.

FLORA *(seine Haare betrachtend)*. Nein, diese Schwärze, ganz italienisch!

TITUS. Ja, es geht schon beinahe ins Sizilianische hinüber. Meine Mutter war eine südliche Gärtnerin.

FLORA. Weiß Er aber, dass Er sehr ein eitler Mensch ist? Mir scheint, Er brennt sich die Locken. *(Will mit der Hand nach den Locken fahren.)*

TITUS *(zurückprallend)*. Oh, nur net anrühren! Ich bin sehr kitzlich aufm Kopf.

FLORA. Närrischer Mensch! – Unter anderm aber, in diesem Anzug kann ich Ihn der gnädigen Frau nicht vorstellen.

TITUS. Also gilt bei Ihnen das Sprichwort: »Das Kleid macht den Mann«, das Sprichwort, durch welches wir uns selbst so sehr vor die Schneider herabsetzen und welches doch so unwahr ist! Denn wie viele ganze Kerls gehn mit zerrissene Röck herum.

FLORA. Aber der Anzug hat so gar nix, was einem Gartner –

TITUS. Oh, der Anzug hat nur zu viel Gärtnerartiges: Er is
übersät mit Fleck', er is aufgegangen bei die Ellbögen und
an verschiedenen Orten. Weil ich nie ein Paraplü trag,
wird er auch häufig begossen, und wie er noch in der
Blüte war, hab ich ihn oft wie eine Pflanze versetzt.

FLORA. Das ist dummes Zeug! *(Nach der Türe rechts deutend.)* Geh Er durch das Zimmer in die Kammer hinein!
In der Truhen, wo der Zwiefel liegt, find't Er den Hochzeitsanzug von mein' seligen Mann.

TITUS. Das Hochzeitskleid des Verblichenen soll ich anziehen? – Hören Sie – *(fährt sich kokett mit der Hand durch die Locken)* da kann ich nichts davor, wenn Gefühle erwachen, die –! *(Sieht sie bedeutungsvoll an und geht durch die Seitentür rechts ab.)*

Achtzehnte Szene

Flora, dann Plutzerkern.

FLORA. Wirklich ein scharmanter Mensch! – Na, man kann
nicht wissen, was geschieht. Ein Spaß wär's, wenn ich
früher zur zweiten Heirat käm als unsere Kammerfrau,
die so spöttisch auf mich herabsieht, weil sie den Herrn
Friseur zum Liebhaber hat. Mit der Hochzeit lasst er sich
aber hübsch Zeit! Bei mir könnt es rascher gehn, das wär
ein Triumph! – Vor allem muss ich aber die Leut zusammenrufen. *(Geht zum Fenster.)* Ah, der Plutzerkern!
(Hinausrufend.) Hol g'schwind die Leut alle zusamm',
ein neuer Gärtner is aufgenommen, der in Zukunft statt
meiner über sie befehlen wird.

PLUTZERKERN *(inner der Szene).* Das is g'scheit!

FLORA. Was is das – die Kammerfrau? *(Zum Fenster hinaus grüßend.)* Gehorsamste Dienerin! *(Vom Fenster weggehend.)* Sie kommt zu mir, was hat das zu bedeuten? G'wiss wieder ein Verdruss! Die Leut haben was versäumt, und ich kann's Bad ausgießen.

Neunzehnte Szene

Flora. Constantia.

CONSTANTIA *(zur Mitte eintretend).* Frau Gärtnerin –

FLORA *(mit einem Knix).* Untertänigste! – Was steht zu Befehl?

CONSTANTIA. Die gnädige Frau erwartet heute nachmittags Besuch aus der Stadt und wünscht, dass nicht wieder so schlechtes Obst wie das letzte Mal ins Schloss geschickt werde.

FLORA. Ich hab das allerschönste –

CONSTANTIA. Die gnädige Frau ist überhaupt mit der ganzen Pflege des Gartens höchst unzufrieden.

FLORA. Is nicht meine Schuld; die Leut – aber das wird jetzt alles anders wer'n. Die gnädige Frau hat mir den Auftrag erteilt, einen geschickten Menschen aufzunehmen; na, und da hat sich's so geschickt, dass ein sehr geschickter Mensch –

CONSTANTIA. Gut, ich werd es der gnädigen Frau zu wissen machen.

FLORA. Ich werde mir die Freiheit nehmen, ihn selbst der gnädigen Frau vorzustellen.

CONSTANTIA. Was fällt Ihr ein? Der gnädigen Frau vorstellen – so ein' Bengel!

FLORA. Oh, ich bitte, Madame, diesen Menschen mit kei-
nem gewöhnlichen Gartenknecht zu verwechseln; er
ist – es ist sogar möglich – beinahe schon gewiss, dass ich
ihn heirat.

CONSTANTIA. So? Diese Vermählung wird der gnädigen
Frau so uninteressant sein wie der ganze Mensch; ich
finde es daher, wie schon gesagt, ganz unstatthaft, ihn
der gnädigen Frau vorzustellen.

Zwanzigste Szene

Titus. Die Vorigen.

TITUS *(tritt in etwas altmodischem Gärtneranzuge, einen
Bündel in der Hand tragend, ohne Constantia zu bemer-
ken, aus der Seitentüre rechts).* So! Da wär'n wir; meine
Sachen hab ich in dem Bünkel z'samm'gebunden.

FLORA. Die hätt Er gleich drin lassen können!

TITUS. Gelingt es mir, in diesem Anzug das verblichene
Bild ganz vor Ihre Seele zu zaubern?

CONSTANTIA *(für sich).* So ein schöner, schwarzer Kraus-
kopf ist mir so bald nicht vorgekommen.

TITUS *(zu Flora, auf den Bündel zeigend).* Und diese
G'schicht da legen wir – wohin?

FLORA *(nach einem links stehenden Kasten zeigend).* Meint-
wegen in den Kasten dort!

TITUS *(sich umwendend).* Gut – *(Constantia erblickend)*
ah! – Jetzt gäbet ich kein' Tropfen Blut, wann man mir ei-

ne Ader lasset. *(Sich tief vor Constantia verneigend.)* Ich
bitte untertänig – *(zu Flora)* warum haben Sie mir nicht
gesagt? – *(zu Constantia, mit tiefer Verbeugung)* mir
nicht zu zürnen, dass ich – *(zu Flora)* dass die gnädige
Frau da ist – *(zu Constantia, mit tiefer Verbeugung)* nicht 5
gleich die pflichtschuldigste Reverenz – *(zu Flora)* 's is
wirklich schrecklich, in was Sie ein' für eine Lag bringen!

CONSTANTIA. Ich bin ja nicht die gnädige Frau.

FLORA *(zu Titus)*. Was fällt Ihm denn ein?

CONSTANTIA. Ich bin ja nur – 10

TITUS. Nein, Euer Gnaden sind es und wollen mir nur die
Verlegenheit ersparen.

FLORA. Es ist die Kammerfrau der Gnädigen.

TITUS. Hören Sie auf! – Diese Hoheit in der Stirnhaltung,
diese herablassende Blickflimmerung, dieser edle Ell- 15
bogenschwung –

CONSTANTIA *(sich geschmeichelt fühlend)*. Hm, ich bin
doch nur die Kammerfrau der Frau von Cypressenburg.

TITUS. Wirklich? – Ich glaub es nur, weil ich es aus Ihrem
eigenen Munde hör. Also Kammerfrau? Meine Mutter 20
war auch Kammerfrau.

FLORA. Er hat ja gesagt, Seine Mutter war Gärtnerin?

TITUS. Zuerst war sie Gärtnerin, dann ist sie Kammerfrau
geworden.

CONSTANTIA *(beiseite)*. Wirklich ein interessanter, gebil- 25
deter Mensch!

FLORA *(zu Titus, welcher Constantia fixiert)*. So leg Er nur
die Sachen da hinein!

TITUS *(immer auf Constantia zurückblickend)*. 's Schicksal
weiß wirklich nicht, was 's tut, so eine Gestalt in die 30
Antichambre zu postieren.

FLORA. Hört Er denn nicht? Da in den Kasten!

TITUS. Ja, gleich! – *(Mit Bewunderung auf Constantia sehend.)* Klassische Salonfigur! *(Er geht, auf Constantia sehend, zum Kasten, welcher neben der Tür steht.)*

5 FLORA *(für sich).* Wie sie kokettiert auf ihn, die aufdringliche Person!

Einundzwanzigste Szene

Plutzerkern. Die Vorigen.

PLUTZERKERN *(durch die Mitte eintretend).* Die Leut wer-
10 den gleich alle da sein.

TITUS *(Plutzerkern erblickend, kehrt rasch um).* Verdammt! Wann der mich kennt! *(Wendet sich gegen Constantia, um Plutzerkern den Rücken zu kehren.)*

PLUTZERKERN *(zu Flora).* Das is also der neue Gartner? Da
15 muss man sich ja zu Gnaden rekommandier'n. *(Tritt zwischen Titus und Constantia.)*

TITUS *(wendet sich gegen Flora, um wieder Plutzerkern den Rücken zu kehren).* Schicken S' den Kerl fort! Ich bin kein Freund von solchen Zeremonien.

20 FLORA. Tu Er nicht so schüchtern!

PLUTZERKERN *(indem er versucht, Titus die Vorderseite abzugewinnen).* Herr Gartner, der wohlverdienteste Mann im ganzen Personal –

TITUS *(in großer Verlegenheit in die Tasche fahrend).* Ich
25 muss mir nur g'schwind ein Schnupftüchel vors G'sicht – *(zieht statt eines Schnupftuches eine graue Perücke mit Zopf aus der Tasche und hält sie eiligst vors Gesicht.)*

PLUTZERKERN. Aber Sie hab'n kuriose Schnupftücheln.

TITUS. Was ist denn das?

FLORA *(lachend)*. Das is die Perücke von meinem ehemaligen Gemahl.

TITUS. Schaut sehr eh'malig aus! *(Steckt die Perücke in das Bündel, welches er noch in der Hand hält.)*

PLUTZERKERN. Was Teuxel, der Gartner kommt mir so bekannt vor! – *(Zu Titus.)* Haben Sie nit an Brudern mit rote Haar'?

CONSTANTIA. Was fällt Ihm ein?

TITUS. Ich hab gar kein'n Brudern.

PLUTZERKERN. So? Nachher wird das der Bruder von wem andern sein.

FLORA. Was will denn der Dummkopf?

PLUTZERKERN. Na, ich hab halt ein' g'sehn mit rote Haar', das is ja nix Unrechts.

Zweiundzwanzigste Szene

Zwei Gartenknechte treten zur Mitte ein, jeder zwei Körbe mit Obst tragend. Die Vorigen.

ERSTER KNECHT. Da is das Obst!

FLORA. Das hätt gleich sollen ins Schloss getrag'n werden!

CONSTANTIA. Das wäre eine saubere Manier, dass man das Obst nur so durch die Knechte hinaufschickt.

FLORA. 's war ja immer so.

CONSTANTIA *(auf Titus zeigend)*. Der Herr Gärtner wird die Früchte überbringen. Dies ist zugleich die schicklichste Gelegenheit, ihn der gnädigen Frau vorzustellen.

FLORA *(zu Constantia)*. Vorstellen? Wie finden Sie es denn auf einmal nötig, ihn der Gnädigen vorzustellen? Sie haben ja grad vorher g'sagt, es is ganz unstatthaft, so einen Bengel der gnädigen Frau vor Augen zu bringen.

5 CONSTANTIA *(verlegen)*. Das war – das heißt –

TITUS. Bengel?

FLORA *(mit boshaftem Triumph über Constantias Verlegenheit)*. Ja, ja!

TITUS. Das ist arg!

10 CONSTANTIA *(sehr verlegen)*. Ich habe –

TITUS. Das is enorm –

FLORA. Na, ich glaub's – es is ja –

TITUS. Mir unbegreiflich *(zu Flora)*, wie Sie das Wort »Bengel« auf mich beziehen können!

15 FLORA. 's waren die eigenen Worte der Madame!

TITUS *(zu Flora)*. Erlauben Sie mir, es gibt außer mir noch Bengeln genug, und ich bin kein solcher Egoist, dass ich alles gleich auf mich beziehe.

CONSTANTIA *(sich von ihrer Verlegenheit erholend)*. Ich
20 wollte –

TITUS *(auf Constantia deutend)*. Wenn diese Dame wirklich ihre Lippen zu dem Wort »Bengel« hergegeben, so hat sie wahrscheinlich einen Knecht, vielleicht einen von diesen beiden Herren *(auf die Gartenknechte zeigend)*
25 gemeint, denn mich hat sie ja noch gar nicht gekannt und kennt mich selbst jetzt noch viel zu wenig, um über meine Bengelhaftigkeit das gehörige Urteil zu fällen. *(Zu Constantia.)* Hab ich nicht recht?

CONSTANTIA. Vollkommen!

30 FLORA *(sehr aufgeregt und ärgerlich)*. Also will man mich zur Lügnerin machen?

TITUS. Nein, nur zur Verleumderin.

CONSTANTIA *(zu Titus)*. Also kommen Sie jetzt!

FLORA. Er soll aufs Schloss kommen? Und warum denn gar so eilig? Die gnädige Frau is ausg'fahr'n.

CONSTANTIA. Nun, und da wird es doch schicklicher sein, dass der Herr Gärtner auf die gnädige Frau wartet, als sie auf ihn?

TITUS. Das is klar. *(Zu Constantia.)* Sie weiß nichts von Etikette! Das Schicklichste auf jeden Fall is, dass ich bei Ihnen wart, bis der günstige Moment erscheint.

FLORA *(sehr ärgerlich, beiseite)*. Zerreißen könnt ich s', die Person, die!

TITUS. Als Gärtner muss ich aber doch mit dem gehörigen Anstand – ah, da is ja, was ich brauch. *(Eilt zum Fenster und reißt die Blumen aus den Töpfen.)*

FLORA. Was is denn das? Meine Blumen!

TITUS. Müssen zu einem Strauß herhalten! Ein Band brauchen wir auch. *(Zum Tisch eilend.)* Da liegt ja eins. *(Nimmt ein breites Atlasband und wickelt es um die Blumen.)*

FLORA. Was treibt Er denn? Das neue Band, was ich mir erst aus der Stadt –

TITUS. Zu so einer Feierlichkeit is das Beste noch zu schlecht. *(Zu Constantia, auf Flora deutend.)* Die Gute, sie weiß nichts von Etikette!

Dreiundzwanzigste Szene

Mehrere Gartenknechte. Die Vorigen.

DIE KNECHTE *(zur Mitte eintretend)*. Wir machen alle unser Kompliment.

5 TITUS. Aha, meine Untergebenen! Ihr tragt mir 's Obst nach!

DIE KNECHTE. Zu Befehl!

CONSTANTIA *(zu Titus)*. Bei dieser Gelegenheit müssen Sie sich bei den Leuten in Respekt setzen, etwas zum
10 Besten geben; ich finde es wenigstens am Platz.

TITUS. Ich find es auch am Platz – aber – *(in der Westentasche suchend)* es is ein anderer Platz, wo ich nichts find.

CONSTANTIA. Ich mache mir ein Vergnügen daraus, neh-
15 men Sie hier –! *(Will ihm eine Börse geben.)*

FLORA *(es verhindernd)*. Erlauben Sie, das geht mich an. *(Zu Titus.)* Hier, nimm der Herr! *(Will ihm Geld geben.)*

CONSTANTIA *(es verhindernd)*. Halt! Das duld ich nicht. Es ist eine Sache, die die Ehre des Hauses betrifft und folg-
20 lich die gnädige Frau durch mich bestritten.

FLORA. Ich kann's auch der Gnädigen in Rechnung bringen, aber mir kommt es zu –

TITUS. Erlauben Sie, diese Sache kann man rangieren, ohne dass jemand dabei vor den Kopf gestoßen wird. Ich bin
25 so frei – *(nimmt das Geld von Constantia)* geben S' nur her! *(Nimmt das Geld von Flora.)* So! Nur in solchen Fällen niemanden beleidigen! *(Zu den Gartenknechten.)* Heut werd't 's alle traktiert von mir.

DIE KNECHTE. Juhe!

TITUS. Jetzt vorwärts aufs Schloss!

CHOR.

Der neue Herr Gartner, der lasst sich recht gut an;
Sei' G'sundheit wird trunken, das is halt a Mann!

(Titus geht während dem Chore mit Constanzen voran, 5
*die Knechte folgen mit den Obstkörben, Flora sieht ärgerlich
nach, Plutzerkern betrachtet sie mit bedeutungsvollem
Lächeln; unter dem Jubel des Gartenpersonals fällt der
Vorhang.)*

Zweiter Akt

Die Bühne stellt einen Teil des Schlossgartens vor; vorne
rechts die Wohnung der Gärtnerin mit praktikablem
Eingang; im Vordergrunde links ein Tisch mit mehreren
Gartenstühlen. Im Hintergrund rechts sieht man einen
Seitenflügel des Schlosses mit einem praktikablen Fenster.

Erste Szene

Plutzerkern und mehrere Gartenknechte sitzen um den Tisch
herum und trinken.

CHOR.

> Man glaubt nicht, wie g'schwind
> D' Krügeln aus'trunken sind!
> Bei der Arbeit, da rast't man so gern,
> Beim Wein tut sich keiner beschwer'n,
> Der wird ein' nicht z' viel,
> Man seufzt nach kein' Ziel.
> Das Trinken is wirklich a Pracht,
> Die Fortsetzung folgt auf die Nacht.

PLUTZERKERN. Die Arbeit is heut nicht pressant, wir hab'n
noch über die Hälfte vom Geld, das muss noch vertrunken wer'n; also heißt's: zeitlicher Feierabend machen!

ERSTER KNECHT. Bei so was kommt g'wiss keiner z' spat.

PLUTZERKERN. Nur immer denken, ein Gartner ist die
edelste Pflanze, drum muss er fleißig begossen werden,
sonst welkt er ab.

ERSTER KNECHT. Is aber ein rarer Mann, der neue Herr
Gartner, und ein rüstiger Mann.

ALLE. Das is wahr!

PLUTZERKERN. O kurzsichtiges Volk! Ein fauler Kerl is er, glaubt's mir, ich versteh das! Der wird uns von keiner Arbeit überheben, im Gegenteil, wir werden ihn noch bedienen sollen, den hergeloffenen Ding, und er wird d' Händ in Sack stecken, den gnädigen Herrn wird er spielen wollen, der aufgeblas'ne Tagdieb!

DIE KNECHTE. Wär nit übel!

ERSTER KNECHT. Da soll ihm ja gleich –

PLUTZERKERN. Ruhig jetzt! – Zu diesen und ähnlichen Schimpfereien haben wir heut Abend die beste Zeit. Wir können uns dann auch gleich z'sammreden, wie wir ihn wieder ausm Haus vertreiben wollen.

ALLE. Ja, das können wir!

PLUTZERKERN. Also nur ruhig, alles zu seiner Zeit!

Zweite Szene

Flora. Die Vorigen.

FLORA *(kommt mit einem Korb, in welchem sich Teller und Tischzeug befinden, aus ihrem Hause)*. Jetzt bitt ich mir aber aus, dass einmal ein End gemacht wird. Nehmt's engere Krügeln und geht's, den Tisch brauch ich jetzt.

DIE KNECHTE. Wir haben ohnedem grad gehn wollen.

PLUTZERKERN. Es g'schieht ja alles dem neuen Gartner zu Ehren.

FLORA *(zu den Knechten)*. Und dass was gearbeit't wird!

DIE KNECHTE *(im Abgehen)*. Schon recht! *(Links im Hintergrunde ab.)*

Dritte Szene

Flora. Plutzerkern.

PLUTZERKERN. Ich begreif nicht, wie Sie's übers Herz
bringen, diese guten Menschen in ihrem unschuldigen
5 Vergnügen zu stören.
FLORA *(hat ein Tischtuch aus dem Korb genommen und es
über den Tisch gebreitet)*. Halt Er 's Maul und hilf Er mir
den Tisch da decken.
PLUTZERKERN. Gleich! Diese Arbeit lass ich mir nie zwei-
10 mal schaffen. *(Nimmt Esszeug und Teller aus dem Korbe.)*
Das is ja aber nur für zwei Personen?
FLORA. Freilich! Ich wüsst nicht, zu was mehrere nötig
wären?
PLUTZERKERN. Also speist der neue Gartner im Schloss
15 bei der Kammerfrau?
FLORA. Dummkopf! Er speist hier bei mir.
PLUTZERKERN. Er, Sie und ich – wir sind aber drei.
FLORA. Er hat an meinem Tisch gespeist, weil's mir allein
zu langweilig war. Jetzt wär das überflüssig. Er hat
20 Sein Kostgeld, drum wird Er, wenn aufgetragen ist,
gehn.
PLUTZERKERN *(pikiert)*. Das war die Zeit, wo ich sonst nie
gegangen bin.
FLORA. Räsonier Er nicht und bring Er die Suppen!
25 PLUTZERKERN *(boshaft)*. Jetzt schon? Sie könnt kalt
wer'n! Wer weiß, wann der kommt!
FLORA *(ungeduldig nach dem Schlosse sehend)*. Er muss den
Augenblick da sein. *(Halb für sich.)* Ich begreif ohnedies
nicht, wo er so lang –

PLUTZERKERN. Ah, ich fang's schon zum Begreifen an.

FLORA. Schweig Er und tu Er, was man ihm schafft!

PLUTZERKERN *(im Abgehen, als ob er für sich spräche, aber so, dass es Flora hören muss).* Der muss eine neue Blumasch' rangieren im Schloss, kann mir das lange Ausbleiben sonst gar nicht erklär'n. *(In die Gärtnerwohnung ab.)*

Vierte Szene

Flora. Titus.

FLORA *(allein).* Der war mir zum letzten Mal da droben! Und wie sich diese Madame Constanz den Männern aufdringt, das ist ausdruckslos!

TITUS *(erscheint im Schloss am Fenster mit vorgebundener Serviette, ein Fasanbiegel in der Hand).* Ah, Frau Gartnerin, gut, dass ich Ihnen seh –

FLORA. Wo bleibt Er denn? Ich wart mit 'm Essen –

TITUS. Ich nicht! Ich hab schon gegessen.

FLORA. Aufm Schloss?

TITUS. Bei der Kammerfrau in der Kammer, sehr gut gespeist! Es war der erste Fasan, dem ich die letzte Ehr angetan hab! Mit diesem Biegel is seine irdische Hülle in der meinigen begraben.

FLORA. Es is aber sehr unschicklich, dass Er dort schmarotzt! Ich werd mir das verbieten.

TITUS. *Sich* können Sie verbieten, was Sie wollen, aber *mir* nicht! Ich steh nicht mehr unter Ihrer Tyrannei, ich hab eine andere, eine bessere Kondition angenommen.

FLORA *(äußerst betroffen)*. Was wär das?

TITUS. Warten S' a bissel, ich muss Ihnen was übergeben. *(Zieht sich zurück.)*

FLORA *(allein)*. Kammerfrau, ich kenne dich, das ist dein Werk! Eine Witwe, die selbst einen Liebhaber hat, fischt der andern den ihrigen ab, das wird doch ein Witwenstückl ohnegleichen sein!

Fünfte Szene

Plutzerkern. Die Vorigen.

PLUTZERKERN *(den Suppentopf auftragend)*. Da is die Suppen.

TITUS *(am Fenster im Schloss erscheinend)*. Da sind die ehemaligen Kleider, die ich gegenwärtig nicht mehr brauch. Mein Kompliment! *(Wirft den Kleiderbündel herab, dass er Plutzerkern an den Kopf fliegt, und zieht sich zurück.)*

PLUTZERKERN. Anpumpt! Was is das?

FLORA *(zu Plutzerkern)*. Pack Er sich zum Guckguck!

PLUTZERKERN. Wird nicht gegessen?

FLORA. Nein, hab ich gesagt. *(für sich.)* Wer da nicht den Appetit verliert, der hat keinen zu verlieren.

PLUTZERKERN *(pikant)*. Ich hab glaubt, jetzt is die große Tafel in zweien, bei der ich überflüssig bin?

FLORA. Aus meinen Augen! *(für sich im Abgehen.)* Boshafter Schlingel das! *(In ihre Wohnung ab.)*

PLUTZERKERN *(allein)*. Also er speist nicht da, sie speist gar nicht, und ich, der Ausgeschlossene, ich speis jetzt für alle zwei! Unerforschliches Schicksal! Diese An-

wandlung von Gerechtigkeit hätt ich dir gar nicht zugetraut. *(In die Gärtnerwohnung ab.)*

Verwandlung

Saal im Schlosse mit einer Mittel- und zwei Seitentüren.

Sechste Szene

*Titus allein, kommt aus der Mitteltür, er ist in eleganter
Jägerlivree gekleidet.*

TITUS. Die macht's wie die Vorige, offeriert mir die verstorbene Garderobe von ihrem überstandenen Gemahl
und will, ich soll Jäger sein. Ja, wenn die gnädige Frau von
einem Jäger nichts anderes verlangt als 's Wagentürl auf-
machen und aufs Brettl hupfen, so viel kann ich allenfalls
leisten in der Forstwissenschaft. Oh, Parucken! Dir hab
ich viel zu danken. Die Kost hier ist delikat, der Trunk
exquisit, und ich weiß wirklich nicht, ob mich mehr
mein Glückswechsel oder der Tokayer schwindlich macht.

Siebente Szene

Titus. Constantia von links.

CONSTANTIA. Ah, das lass ich mir gefallen. Die Gärtner-
kleidung hat so etwas Bauernhaftes, und Ihr Exterieur ist
ja ganz für das edle Jagdkostüm geschaffen.

TITUS. Wenn nur mein Exterieur in der gnädigen Frau dieselben gnädigen Ansichten erzeugt! Ich fürchte sehr, dass ein ungnädiger Blick von ihr mir den Hirschfänger entreißt und mir Krampen und Schaufel in die Hände spielt.

CONSTANTIA. Sie trauen mir sehr wenig Einfluss im Hause zu. Mein verstorbener Mann war hier Jäger, und meine Gebieterin wird gewiss nicht glauben, dass ich immer Witwe bleiben soll.

TITUS. Gewiss nicht! Solche Züge sind nicht für lebenslänglichen Schleier geformt.

CONSTANTIA. Gesetzt nun, ich würde mich wieder verheiraten, zweifeln Sie, dass die gnädige Frau meinem Mann einen Platz in ihrem Dienste verleihen würde?

TITUS. Der Zweifel wäre Frevel.

CONSTANTIA. Ich sage das nicht, als ob ich auf Sie Absichten hätte –

TITUS. Natürlich, da haben Sie keine Idee –

CONSTANTIA. Ohne etwas zu verreden, sage ich das nur, um Ihnen zu beweisen, dass ich die Macht habe, jemandem eine Stelle auf dem Schlosse zu verschaffen.

TITUS *(beiseite)*. O rabenschwarzer Schädel, du wirkst himmelblaue Wunder!

CONSTANTIA. Mein seliger Mann –

TITUS. Hören Sie auf, nennen Sie nicht *den* Mann selig, den der Taschenspieler Tod aus Ihren Armen in das Jenseits hinüberchangiert hat! Nein, *der* ist es, der sich des Lebens in solcher Umschlingung erfreut! O Constantia! – Man macht dadurch überhaupt dem Ehestand ein sehr schlechtes Kompliment, dass man nur immer die verstorbenen Männer, die ihn schon überstanden haben, »die Seligen« heißt.

CONSTANTIA. Also sind Sie der Meinung, dass man an meiner Seite –

TITUS. Stolz in die unbekannten Welten blicken und sich denken kann: Überall kann's gut sein, aber hier ist's am besten.

CONSTANTIA. Schmeichler!

TITUS *(beiseite)*. Das sind die neuen metaphysischen Galanterien, die wir erst kriegt haben. *(Laut.)* Ich glaub, ich hör wen im Vorzimmer.

Achte Szene

Salome. Die Vorigen.

SALOME *(schüchtern zur Mitte eintretend)*. Mit Erlaubnis –

TITUS *(erschrocken, für sich)*. O je, die Salome! *(Wirft sich nachlässig in einen Stuhl, so dass er das Gesicht von ihr abwendet.)*

CONSTANTIA. Wie kommt Sie da herein?

SALOME. Draußt war kein Mensch, so hab ich glaubt, das wird 's Vorzimmer sein, jetzt seh ich aber – oh, ich bitt, Madam', kommen S' nur a bissel heraus, mir verschlagt's die Red, wenn ich so in der Pracht drinnen steh.

CONSTANTIA. Keine Umstände, was will Sie? Nur geschwind!

SALOME. Ich such einen, ich hab ihn schon bei der Gartnerin g'sucht, dort hab ich ihn aber nicht g'funden, jetzt bin ich da her.

CONSTANTIA *(Verdacht schöpfend)*. Wen sucht Sie?

SALOME. Wissen S', ich such halt ein' mit rote Haar'.

CONSTANTIA *(beschwichtigt)*. Nun, den wird Sie leicht finden, weil er Ihr auf hundert Schritte entgegenleuchtet.

TITUS *(für sich)*. O nagelneuer Witz, du hast mich schon oft erfreut.

CONSTANTIA. Hier im Schloss wird Sie sich aber vergebens bemühen, denn ich und die gnädige Frau würden einen solchen nicht dulden, wir haben beide Antipathie gegen rote Haare.

SALOME. Wenn er aber doch kommen sollt, so sagen S' ihm, es haben ihn Leut g'sucht, aus der Stadt, die haben mich so verdächtig um ihn g'fragt –

TITUS *(sich vergessend, springt erschrocken auf)*. Und was hat Sie den Leuten g'sagt?

SALOME *(zusammenfahrend)*. Was ist das –!? *(Titus erkennend)*. Ah! *(Sie wankt und fällt Constantia in die Arme.)*

CONSTANTIA. Was hat denn die Person? – *(Zu Titus.)* So bringen Sie doch einen Stuhl, ich kann sie nicht halten.

TITUS *(einen Stuhl bringend)*. Setzen wir s' nieder!

CONSTANTIA *(lässt Salome in den Stuhl sinken)*. Sie rührt sich nicht, ist ganz bewegungslos. *(Zu Titus.)* Das ist höchst sonderbar. *Ihr* Anblick hat diese Wirkung auf sie hervorgebracht.

TITUS *(verlegen)*. Das kann nicht sein, ich bin nicht zum Umfallen wild, und was meine Schönheit anbelangt, so is sie auch wieder nicht so groß, dass man drüber 's Gleichgewicht verlieren muss.

CONSTANTIA. Sie sehen aber, dass sie sich gar nicht bewegt.

TITUS *(sehr verlegen)*. Ja, das seh ich.

CONSTANTIA. Jetzt aber scheint mir – ja, sie bewegt sich!

TITUS. Ja, das seh ich auch. Ich werd frisches Wasser holen. *(Will fort.)*

CONSTANTIA. Nichts da, das wird nicht nötig sein, oder haben Sie vielleicht besondere Ursachen, sich fortzuschleichen? 5

TITUS. Wüsste nicht, welche; ich kenn die Person nicht.

CONSTANTIA. Dann brauchen Sie ja ihr Erwachen nicht zu fürchten.

TITUS. Gar nicht! Wer sagt denn, dass ich mich fürcht? 10

SALOME *(sich erholend).* Ach, Madame – mir wird schon wieder leichter –

CONSTANTIA. Was war Ihr denn eigentlich?

SALOME. Der Herr –

CONSTANTIA. Also kennt Sie ihn? 15

SALOME. Nein, ich kenn ihn nicht, gewiss nicht! *(Aufstehend.)* Aber wie er mich so scharf ang'red't hat –

CONSTANTIA. Darüber ist Sie –?

SALOME. Nicht wahr, 's is a Schand, solche Stadtnerven für a Bauerndirn? *(Zu Titus, der verblüfft dasteht.)* Sei'n S' 20 nit bös, und wenn S' vielleicht den sehen mit die roten Haar', so sagen S' ihm, ich hab's gut g'meint, ich hab ihn nur warnen wollen, ich werd ihn g'wiss nit verraten an die Leut, die um ihn fragen, und sagen S' ihm, ich werd auch g'wiss sein' Glück nicht mehr in Weg treten – *(Die* 25 *Tränen unterdrückend.)* Sagen S' ihm das, wann S' den sehen mit die roten Haar'. *(Zu Constantia.)* Und jetzt bitt ich noch mal um Verzeihung, dass ich umg'fallen bin in Zimmern, die nicht meinesgleichen sind, und b'hüt Ihnen Gott alle zwei und – *(bricht in Tränen aus)* – jetzt 30 fang ich gar zum Weinen an – das g'hört sich schon gar net – nix für ungut, ich bin halt schon so a dalkets Ding. *(Eilt weinend zur Mitteltür ab.)*

Neunte Szene

Titus. Constantia.

5 CONSTANTIA *(ihr verwundert nachblickend)*. Hm – dieses Geschöpf, ich muss gestehen, dass mir die Sache höchst verdächtig vorkommt.

TITUS *(sich nur nach und nach von seiner Verlegenheit erholend.)* Was?

10 CONSTANTIA. Sie war so bewegt, so ergriffen –

TITUS. Über einen Rothaarigen, das haben S' ja g'hört.

CONSTANTIA. Von dem sprach sie, aber über Ihre Person schien sie aufs heftigste –

TITUS. Jetzt hören Sie auf! Was fällt Ihnen ein?

15 CONSTANTIA. Sie werden mir doch nicht abstreiten wollen, dass sie in der heftigsten Bewegung war?

TITUS. Was geht denn aber das mich an? Zuerst haben S' mich völlig ausg'macht, weil sie bewegungslos war, und jetzt fahr'n S' über mich, weil sie eine Bewegung hat – ich

20 begreif gar nicht –

CONSTANTIA. Nun, werden S' nur nicht gleich böse, ich kann ja ganz unrecht haben. – Dass Sie in Verbindung mit einer so gemeinen Person – das wäre ja unglaublich.

TITUS. Ich glaub's! Ich bin ein Jüngling, der Karriere ma-

25 chen muss! *(Mit Beziehung.)* Meine Ideen schweifen ins Höhere –

CONSTANTIA *(kokett)*. Wirklich? 's war nur ein Glück, dass

der unangenehme Auftritt in Abwesenheit der gnädigen
Frau – die gnädige Frau hasst das Gemeine ungemein, sie
hat für nichts Sinn als für geistige Bildung, so wie ich. Sie
ist selbst Schriftstellerin.

TITUS. Schriftstellerin?

CONSTANTIA. Wenn einmal von etwas Literarischem die
Rede sein sollte – Sie wissen doch was davon?

TITUS. Nein.

CONSTANTIA. Das ist schlimm.

TITUS. Kinderei! Wenn ich auch nichts von der Schriftstel-
lerei weiß, von die Schriftsteller weiß ich desto mehr. Ich
darf nur ihre Sachen göttlich finden, so sagt sie gewiss:
»Ah, der Mann versteht's – tiefe Einsicht – gründliche
Bildung!«

CONSTANTIA. Sie sind ein Schlaukopf! *(Für sich.)* Das ist
doch ein ganz anderer Mensch als mein Friseur.

Zehnte Szene

Monsieur Marquis. Die Vorigen.

MARQUIS *(zur Mitte eintretend).* Schönste Constanze –

TITUS *(für sich).* Das ist der erlauchte Peruckenspender,
wenn der nur nicht plauscht! *(Zieht sich seitwärts.)*

MARQUIS. Beinahe wäre mir nicht mehr das Glück zuteil-
geworden, diese reizende Hand an meine Lippen zu drü-
cken. *(Küsst ihr die Hand.)*

TITUS *(für sich, erstaunt).* Diese Herablassung – ein Marquis – und küsst ihr die Hand, einer antichambrischen
Person – das ist viel!

CONSTANTIA. Es ist schon so spät, dass ich glaubte, Sie würden heute gar nicht kommen.

MARQUIS. Sie können denken, dass nur ein außerordentlicher Zufall – was ist das? *(Bemerkt Titus, welcher ein auf einem Stuhl liegendes Tuch ergreift und emsig die Möbel abstaubt.)* Ein neuer Jäger aufgenommen?

CONSTANTIA. Seit heute. Ein Mensch, der viele Anlagen besitzt.

MARQUIS. Wie können Sie die Anlagen eines Jägers beurteilen? Hat er was getroffen? Und überhaupt, wozu ein Jäger im Hause einer Dame?

CONSTANTIA. Sie sehen, dass er sehr fleißig ist und sich zu allem gebrauchen lässt.

MARQUIS *(sich bemühend, Titus im Gesicht zu sehen, welcher es aber durch komische Emsigkeit vermeidet).* Ja, ja, das seh ich.

TITUS *(für sich).* Mein G'sicht zeig ich ihm um kein' Preis.

CONSTANTIA. Sie vergessen aber ganz, mir den Vorfall zu erzählen.

MARQUIS *(öfter nach Titus hinübersehend).* Es war mehr ein Unfall, der mit einem genickbrechenden Wasserfall geendet hätte, wenn nicht der Zufall einen Menschen gerade in dem Augenblicke, wo das abscheuliche Tier, mein feuriger Fuchs –

TITUS *(erschreckend).* Jetzt hab ich glaubt, er nennt mich beim Nam'n.

CONSTANTIA. Fuchs? Ich glaubte, Sie haben noch den hässlichen Rotschimmel?

TITUS *(für sich).* Wieder ein heimliches Kompliment!

MARQUIS. Ich habe ihn umgetauscht, weil sein Anblick Ihnen so zuwider war. Dieser Mensch also – *(Titus scharf fixierend)* mein Retter – *(Titus umdrehend)* ich irre mich nicht – der ist's!

TITUS *(sich tief verneigend).* Ich bitt – Euer Gnaden – Herr Marquis nehmen mich für einen andern! *(Will zur Mitte ab.)*

MARQUIS *(ihn zurückhaltend).* Wozu das Leugnen, edler Mann, Sie sind's, die Gestalt, die Stimme, die Farbe der Haare –

TITUS *(für sich, in ängstlicher Verlegenheit).* O je, jetzt kommt er schon über d' Haar'.

CONSTANTIA. Gewiss, wer diese Haare einmal gesehen, der wird sie nicht vergessen. Wirklich bewundernswert sind diese Locken!

MARQUIS *(sich geschmeichelt fühlend).* Oh, ich bitte, zu gütig!

TITUS *(zu Constantia).* Der Herr Marquis bedankt sich anstatt meiner für das Kompliment, meiner Bescheidenheit bleibt also nichts mehr übrig –

CONSTANTIA *(zu Marquis).* Sie verstehen das: Ist Ihnen je so ein Glanz, so eine Krause – *(zeigt nach dem Kopfe des Titus, als ob sie ihm mit der Hand durch die Locken fahren wollte).*

TITUS *(zurückprallend).* Oh, nur nicht anrühren! Ich bin da so heiklich –

MARQUIS *(halbleise, pikiert zu Constantia).* Sie scheinen übrigens besonderes Interesse an dem neuen Domestiken zu nehmen.

CONSTANTIA *(etwas verlegen).* Ich –? Hm – es ist eine Art von Kameradschaft, die –

MARQUIS *(wie oben).* Die meines Erachtens zwischen dem Jäger und der Kammerfrau nicht existiert.

CONSTANTIA *(halbleise zu Marquis).* Herr Marquis, ich danke für die Aufklärung. Was schicklich ist oder nicht, weiß ich schon selbst zu beurteilen.

MARQUIS *(für sich).* Ich habe sie beleidigt. *(Zu Constantia in einem sanften Ton.)* Verzeihen Sie, schönste Constanze, ich wollte nur –

CONSTANTIA. Sie wollten die blonde À-l'enfant-Perücke der gnädigen Frau frisieren; im Kabinett dort *(nach rechts zeigend)* im großen Wandschrank werden Sie sie finden. Gehen Sie an Ihr Geschäft!

TITUS *(erstaunt).* Was is das! Das ist ja ein Friseur! – *(Zu Marquis.)* Ich hab geglaubt, Sie sind ein Marquis, eine Mischung von Baron, Herzog und Großer des Reichs?

MARQUIS. Ich heiße nur Marquis und bin Perruquier.

TITUS. Ja, das ist ein anderes Korn! Jetzt füllt sich die Kluft des Respekts mit Friseurkasteln aus, und wir können ungeniert Freundschaft schließen miteinand. *(Reicht ihm die Hand.)*

MARQUIS *(ihm ebenfalls die Hand reichend).* Ich bin Ihnen Dank schuldig, *(leise)* aber auch Sie mir, und es wird sehr gut für Sie sein, wenn wir Freunde bleiben!

TITUS. Auf Leben und Tod!

CONSTANTIA *(für sich).* Monsieur Titus soll von meinem Verhältnis zum Marquis noch nichts erfahren, und des Friseurs eifersüchtiges Benehmen könnte leicht – das Beste ist, ich entferne mich. *(Laut.)* Meine Herren, wichtige Geschäfte – ich lasse die beiden Freunde allein. *(Geht zur Mitte ab.)*

TITUS *(ihr nachrufend).* Adieu, reizende Kammeralistin!

Elfte Szene

Titus. Marquis.

MARQUIS. Mein Herr, was sollen diese Galanterien? Ich sage Ihnen jetzt geradezu, ich verbitte mir das! Madame Constanze ist meine Braut, und wehe Ihnen, wenn Sie es wagen –

TITUS. Was? Sie drohen mir?

MARQUIS. Ja, mein Herr, ich warne Sie wenigstens. Vergessen Sie ja nicht, dass Ihr Schicksal am Haare hängt, und –

TITUS. Und dass Sie so undankbar sein könnten, das Perucken-Verhältnis zu verraten.

MARQUIS. Und dass ich so klug sein könnte, mich auf diese Weise eines Nebenbuhlers zu entledigen.

TITUS. Was? So spricht *der* Mann? Der Mann zu dem Mann, ohne den dieser Mann ein Mann des Todes wäre? Ohne welchen Mann diesen Mann jetzt die Karpfen fresseten?

MARQUIS. Ich bin Ihnen zu großem Dank, aber keineswegs zur Abtretung meiner Braut verpflichtet.

TITUS. Wer sagt denn, dass sie abgetreten werden soll? Ich buhle ja nicht um die Liebe, nur um die Protektion der Kammerfrau.

MARQUIS. Ah, jetzt sprechen Sie vernünftig! Auf diese Weise können Sie auf meine Dankbarkeit und vor allem auf Bewahrung des Haargeheimnisses zählen. Hüten Sie sich aber, mir Anlass zum Missvergnügen zu geben, denn sonst – *(drohend)* denken Sie nur, Ihr Kopf ist in meiner Gewalt. *(Geht zur Seite rechts ab.)*

Zwölfte Szene

Titus allein.

TITUS. Verfluchte G'schicht! Heut kommt viel über mein'
Kopf! Wenn ich nur nicht auch so viel drin hätt! Aber der
Tokayerdunst – und das – dass die Madame Kammerfrau
dem Friseur seine Jungfer Braut is, geht mir auch – *(auf
den Kopf deutend)* da herum. *(Wirft sich in einen Lehnstuhl.)* Das wär eigentlich Herzenssache, aber so ein Herz
is dalket und indiskret zugleich. Wie's a bissl ein' kritischen Fall hat, so schickt's ihn gleich dem Kopf über 'n
Hals, wenn's auch sieht, dass der Kopf ohnedies den
Kopf voll hat. Ich bin ordentlich matt. *(Gähnt.)* A halb's
Stünderl könnt's doch noch dauern, bis die gnädige Frau
kommt – *(lässt den Kopf in die Hand sinken)* da könnt ich
mich ja – *(gähnend)* ein wenig ausduseln – nicht einschla-
fen – bloß ausduseln – a wenig – ausduseln – *(schläft ein.)*

Dreizehnte Szene

Titus. Marquis.

MARQUIS *(kommt nach einer kleinen Pause aus der Tür
rechts)*. Da drinnen ist ein Fenster zerbrochen. Ich kann
den Zug nicht vertragen und habe daher die Spalettladen
geschlossen. Jetzt ist's aber so finster drin, dass ich un-
möglich ohne Licht – der Jäger soll mir – wo ist er denn
hin? – Am Ende ist er gar zu meiner Constanze geschli-
chen? Da soll ihm ja –! *(Will durch die Mitte abeilen und*

sieht den schlafenden Titus im Lehnstuhle.) Ach, nein, ich hab ihm unrecht getan, die Eifersucht – närrisches Zeug – ich muss das lassen! Wie ruhig er da liegt – so schläft kein Verliebter, der hat wohl keinen Gedanken an sie –

TITUS *(lallt im Schlafe).* Con – sta – sta – stantia – 5

MARQUIS. Alle Teufel! Was war das? *(Tritt auf den Zehen näher.)*

TITUS *(wie oben).* Rei – zende – Gestalt – Co – Con – stan – tia –

MARQUIS. Er träumt von ihr! Der Schlingel untersteht 10 sich, von ihr zu träumen!

TITUS *(wie oben).* Nur – noch ein – Bu – Bu – Bussi –

MARQUIS. Höllenelement, solche Träume duld ich nicht! *(Will ihn an der Brust fassen, besinnt sich aber.)* Halt – so wird's besser gehen. Wir wollen doch sehen, ob sie dem 15 Rotkopf ein Bububussi gibt! *(Nähert sich der Rückseite des Stuhles und macht äußerst behutsam die Perücke los.)*

TITUS *(wie oben).* Lass gehen – Sta – stantia – ich bin kitzlich – aufm Kopf –

MARQUIS *(nimmt ihm die Perücke weg).* Jetzt versuche dein 20 Glück, roter Adonis! Den Talisman erhältst du nimmer wieder! *(Steckt die Perücke zu sich und eilt zur Mitte ab.)*

Vierzehnte Szene

Titus allein.

TITUS *(im Schlafe sprechend).* O – zartes – Ha – – Handerl –! 25 *(Man hört von außen das Geräusch eines in das Tor einfahrenden Wagens, gleich darauf wird stark geläutet, Ti-*

tus fährt aus dem Schlaf empor.) Was war das? Mir
scheint gar –? *(Läuft zur Mitteltür.)* Ein Bedienter stürzt
sich hinaus – die Gnädige kommt nach Haus – jetzt werd
ich vorgestellt. *(Richtet an seinem Anzug.)* Mein Anzug is
ganz derangiert – 's Krawattel verschloffen – wo is denn
g'schwind ein Spiegel?! *(Läuft zu einem an der Kulisse
links hängenden Spiegel, sieht hinein und prallt zurück.)*
Himmel und Erden, d' Perücken is weg! – Sie wird mir
im Schlaf hinunterg'fall'n – *(läuft zum Lehnstuhl und
sucht)* nein, weg, verloren, geraubt! Wer hat diese Bosheit? – Da ist Eifersucht im Spiel! Othellischer Friseur!
Pomadiges Ungeheuer! Das hast du getan! Du hast den
grässlichen Perückenraub begangen! Jetzt, in dem ent-
scheidendsten, hoffnungsvollsten Moment stehe ich da
als Windlicht an der Totenbahr meiner jungen Karriere!
Halt – er is da drin und frisiert die Tour der Gnädigen –
der kommt mir nicht aus! Du gibst mir meine Perücken
wieder, oder zittere, Kampelritter, ich beutl' dir die
Haarpuderseel bis aufs letzte Stäuberl ausm Leib! *(Stürzt
wütend in die Seitentür ab.)*

Fünfzehnte Szene

Frau von Cypressenburg und Emma treten zur Mitte ein.

FRAU VON CYPRESSENBURG. Ich muss sagen, ich finde
das sehr eigenmächtig, beinahe keck von der Constanze,
dass sie sich untersteht, in meiner Abwesenheit Domestiken aufzunehmen, ohne durch meinen Befehl hierzu
autorisiert zu sein.

EMMA. Seien Sie nicht böse darüber, liebe Mutter, sie hat ja einen Jäger aufgenommen, und das war schon lang mein Wunsch, dass wir einen Jäger haben. Nimmt sich ja viel hübscher aus als unsere zwei schiefbeinigen Bedienten in der altfränkischen Livree.

FRAU VON CYPRESSENBURG. Wozu brauchen Damen einen Jäger?

EMMA. Und es soll ein recht martialischer Schwarzkopf sein, sagt die Constanze, der Schnurrbart zwar fehlt ihm, den muss ihm die Mama wachsen lassen, und auch einen Backenbart, ebenfalls ganz schwarz, dass aus dem ganzen Gesicht nichts heraussieht als zwei glühende schwarze Augen! So was steht prächtig hinten auf dem Wagen.

FRAU VON CYPRESSENBURG *(ohne Emmas voriger Rede besondere Aufmerksamkeit geschenkt zu haben)*. Schweig! Ich werde den Menschen wieder fortschicken, und damit Punktum! Wo ist er denn? Titus, hat sie gesagt, heißt er? – He! Titus!

Sechzehnte Szene

Titus. Die Vorigen.

TITUS *(kommt in blonder Perücke aus der Seitentür rechts)*. Hier bin ich und beuge mich im Staube vor der hohen Gebieterin, der ich in Zukunft dienen soll.

EMMA *(erstaunt beiseite)*. Was ist denn das? Das ist ja kein Schwarzkopf?

FRAU VON CYPRESSENBURG *(für sich, aber laut)*. Recht ein artiger Blondin!

TITUS *(hat das letzte Wort gehört, für sich)*. Was? Die sagt
  Blondin?

FRAU VON CYPRESSENBURG *(zu Titus)*. Meine Kammerfrau hat Ihm die Stelle eines Jägers gegeben, und ich bin
5 nicht abgeneigt – *(zu Emma sich wendend)* Emma –!
  (Spricht im Stillen mit Emma fort.)

TITUS *(für sich)*. Blondin hat s' g'sagt? – Ich hab ja doch –
  *(sieht sich verlegen um, so dass sein Blick in einen an der
  Kulisse rechts hängenden Spiegel fällt, äußerst erstaunt)*
10 meiner Seel, ich bin blond! Ich hab da drin aus lauter
  Dunkelheit a lichte Perücken erwischt. Wann nur jetzt
  die Kammerfrau nicht kommt!

FRAU VON CYPRESSENBURG *(im Gespräche mit Emma
  fortfahrend)*. Und sage der Constanze –

15 TITUS *(erschrocken, für sich)*. Uijeh, die lasst s' holen!

FRAU VON CYPRESSENBURG *(ihre Worte fortsetzend)*. Sie
  soll meinen Anzug zur Abendgesellschaft ordnen.

TITUS *(aufatmend, für sich)*. Gott sei Dank, da hat s' a Weil
  z' tun.

20 EMMA. Sogleich! *(für sich im Abgehen.)* Die alberne Constanze hielt mich zum Besten! Gibt einen Blondin für
  einen Schwarzkopf aus! *(Zur Mitte ab.)*

Siebzehnte Szene

Frau von Cypressenburg. Titus.

25 TITUS *(für sich)*. Ich stehe jetzt einer Schriftstellerin gegenüber, da tun's die Alletagsworte nicht, da heißt's jeder
  Red ein Feiertagsg'wandel anziehn.

FRAU VON CYPRESSENBURG. Also jetzt zu Ihm, mein
Freund!

TITUS *(sich tief verbeugend)*. Das ist der Augenblick, den
ich im gleichen Grade gewünscht und gefürchtet habe,
dem ich sozusagen mit zaghafter Kühnheit, mit mutvol-
lem Zittern entgegengesehen.

FRAU VON CYPRESSENBURG. Er hat keine Ursache, sich
zu fürchten, Er hat eine gute Tournüre, eine agreable Fasson, und wenn Er sich gut anlässt – wo hat Er denn früher gedient?

TITUS. Nirgends. Es ist die erste Blüte meiner Jägerschaft,
die ich zu Ihren Füßen niederlege, und die Livree, die ich
jetzt bewohne, umschließt eine zwar dienstergebene,
aber bis jetzt noch ungediente Individualität.

FRAU VON CYPRESSENBURG. Ist Sein Vater auch Jäger?

TITUS. Nein, er betreibt ein stilles, abgeschiedenes Geschäft, bei dem die Ruhe das einzige Geschäft ist; er
liegt von höherer Macht gefesselt, und doch ist er frei
und unabhängig, denn er ist Verweser seiner selbst – er
ist tot.

FRAU VON CYPRESSENBURG *(für sich)*. Wie verschwen-
derisch er mit zwanzig erhabenen Worten das sagt, was
man mit einer Silbe sagen kann! Der Mensch hat offen-
bare Anlagen zum Literaten. *(Laut.)* Wer war also Sein
Vater?

TITUS. Er war schülerischer Meister; Bücher, Rechentafel
und Patzenferl waren die Elemente seines Daseins.

FRAU VON CYPRESSENBURG. Und welche literarische
Bildung hat er Ihm gegeben?

TITUS. Eine Art Mille-fleurs-Bildung. Ich besitze einen
Anflug von Geographie, einen Schimmer von Geschich-

te, eine Ahndung von Philosophie, einen Schein von Jurisprudenz, einen Anstrich von Chirurgie und einen Vorgeschmack von Medizin.

FRAU VON CYPRESSENBURG. Scharmant! Er hat sehr viel, aber nichts gründlich gelernt! Darin besteht die Genialität.

TITUS (*für sich*). Das is 's Erste, was ich hör! Jetzt kann ich mir's erklären, warum's so viele Genies gibt.

FRAU VON CYPRESSENBURG. Seine blonden Locken schon zeigen ein apollverwandtes Gemüt. War Sein Vater oder Seine Mutter blond?

TITUS. Keins von alle zwei! Es is ein reiner Zufall, dass ich blond bin.

FRAU VON CYPRESSENBURG. Je mehr ich Ihn betrachte, je länger ich Ihn sprechen höre, desto mehr überzeuge ich mich, dass Er nicht für die Livree passt. Er kann durchaus mein Domestik nicht sein.

TITUS. Also verstoßen, zerschmettert, zermalmt?

FRAU VON CYPRESSENBURG. Keineswegs. Ich bin Schriftstellerin und brauche einen Menschen, der mir nicht als gewöhnlicher Kopist, mehr als Konsulent, als Sekretär bei meinem intellektuellen Wirken zur Seite steht, und dazu ernenn ich Sie.

TITUS (*freudig überrascht*). Mich? – Glauben Euer Gnaden, dass ich imstand bin, einen intellektuellen Zuseitensteher abzugeben?

FRAU VON CYPRESSENBURG. Zweifelsohne, und es ist mir sehr lieb, dass die Stelle offen ist. Ich habe einen weggeschickt, den man mir rekommandierte, einen Menschen von Gelehrsamkeit und Bildung. Aber er hatte rote Haare, und das ist ein Horreur für mich. Dem hab ich gleich gesagt: »Nein, nein, mein Freund, 's ist nichts, adieu!« Ich war froh, wie er fort war.

TITUS (*für sich*). Da darf ich mich schön in Obacht nehmen, sonst endet meine Karriere mit einem Flug bei der Tür hinaus.

FRAU VON CYPRESSENBURG. Legen Sie nur die Livree sogleich ab; ich erwarte in einer Stunde Gesellschaft, der ich Sie als meinen neuen Sekretär vorstellen will.

TITUS. Euer Gnaden, wenn ich auch den Jäger ablege, mein anderer Anzug ist ebenfalls Livree, nämlich Livree der Armut: ein g'flickter Rock mit z'rissene Aufschläg.

FRAU VON CYPRESSENBURG. Da ist leicht abgeholfen! Gehen Sie da hinein (*nach rechts deutend*), dann durchs Billardzimmer in das Eckkabinett, da finden Sie die Garderobe meines verewigten Gemahls. Er hatte ganz Ihren Wuchs. Wählen Sie nach Belieben und kommen Sie sogleich wieder hierher.

TITUS (*für sich*). Wieder der Anzug von ein' Seligen. (*Sich verbeugend.*) Ich eile! (*Für sich, im Abgehen.*) Ich bring heut ein' ganzen seligen Tandelmarkt auf den Leib. (*Rechts in die Seitentüre ab.*)

Achtzehnte Szene

Frau von Cypressenburg. Dann Constantia.

FRAU VON CYPRESSENBURG (*allein*). Der junge Mann schwindelt auf der Höhe, auf die ich ihn gehoben! Wenn ich ihn durch Vorlesungen meiner Dichtungen in überirdische Regionen führe, wie wird ihm da erst werden!

CONSTANTIA *(aufgeregt durch die Mitte eintretend)*. Übel, sehr übel find ich das angebracht.

FRAU VON CYPRESSENBURG. Was hat Sie denn?

CONSTANTIA. Ich muss mich über das gnädige Fräulein be-
klagen. Ich find es sehr übel angebracht, einen Spaß so
weit zu treiben. Sie hat mich ausgezankt, ich hätt sie wegen den Haaren des Jägers angelogen. Ich glaubte an-
fangs, sie mache einen Scherz; am Ende aber hat sie mich
eine dumme Gans geheißen.

FRAU VON CYPRESSENBURG. Ich werde sie darüber reprimandieren. Übrigens ist der Mensch nicht mehr Jäger.
Ich habe ihn zum Sekretär ernannt, und man wird ihm
die seinem Posten schuldige Achtung erweisen.

CONSTANTIA. Sekretär!? Ich bin entzückt darüber, dass er
vor Ihnen Gnade gefunden. Die schwarze Sekretärklei-
dung wird ihm sehr gut lassen zu dem schwarzen Haar.

FRAU VON CYPRESSENBURG. Was spricht Sie da?

CONSTANTIA. Schwarze Haare, hab ich gesagt.

FRAU VON CYPRESSENBURG. Mir scheint, Sie ist ver-
rückt! Ich habe noch kein schöneres Goldblond gesehen.

CONSTANTIA. Euer Gnaden spaßen!

FRAU VON CYPRESSENBURG. Ist mir noch nicht oft einge-
fallen, mit meinen Untergebenen zu spaßen.

CONSTANTIA. Aber, Euer Gnaden, ich hab ja mit eigenen
Augen –

FRAU VON CYPRESSENBURG. Meine Augen sind nicht
weniger eigen als die Ihrigen.

CONSTANTIA *(äußerst erstaunt)*. Und Euer Gnaden nennen das blond?

FRAU VON CYPRESSENBURG. Was sonst?

CONSTANTIA. Euer Gnaden verzeihen, dazu gehören sich

wirklich eigene Augen! Ich nenne das das schwärzeste Schwarz, was existiert.

FRAU VON CYPRESSENBURG. Lächerliche Person, mache Sie Ihre Schwänke jemand anderm vor!

CONSTANTIA. Nein, das ist, um den Verstand zu verlieren!

FRAU VON CYPRESSENBURG *(nach rechts sehend)*. Da kommt er – nun? Ist das blond oder nicht?

Neunzehnte Szene

Titus, aus der Seitentüre rechts kommend, im schwarzen Frack, kurzen Hosen, seidenen Strümpfen und Schuhen. Die Vorigen.

TITUS. Hier bin ich, gnädigste Gebieterin! *(Erblickt Constantia und erschrickt, für sich.)* O je! Die Constantia!

CONSTANTIA *(äußerst betroffen)*. Was is denn das!

FRAU VON CYPRESSENBURG *(zu Constantia)*. In Zukunft verbiete ich mir derlei –

CONSTANTIA. Aber, Euer Gnaden, ich hab ja –

FRAU VON CYPRESSENBURG. Kein Wort mehr!

TITUS *(zu Frau von Cypressenburg)*. Die Gnädigste sind aufgeregt! Was ist's denn? –

FRAU VON CYPRESSENBURG. Stellen Sie sich vor, die Närrin da behauptet, Sie hätten schwarze Haare.

TITUS. Das is schwarze Verleumdung.

CONSTANTIA. Da möchte man den Verstand verlieren!

FRAU VON CYPRESSENBURG. Daran wäre nichts gelegen, wohl aber, wenn ich die Geduld verlöre! Geh Sie und ordne Sie meine Toilette!

CONSTANTIA. Ich kann nur noch einmal versichern –

FRAU VON CYPRESSENBURG *(ärgerlich)*. Und ich zum letzten Male sagen, dass Sie gehen soll.

CONSTANTIA *(sich gewaltsam unterdrückend und abgehend)*. Das übersteigt meine Fassung! *(Durch die Mitte ab.)*

Zwanzigste Szene

Frau von Cypressenburg. Titus.

FRAU VON CYPRESSENBURG. Insolente Person das!

TITUS *(für sich)*. Meine Stellung hier im Hause gleicht dem Brett des Schiffbrüchigen: Ich muss die andern hinunterstoßen, oder selbst untergehn. *(Laut.)* Oh, gnädige Frau, dieses Frauenzimmer hat noch andere Sachen in sich!

FRAU VON CYPRESSENBURG. War sie etwa unhöflich gegen Sie?

TITUS. Oh, das nicht, sie war nur zu höflich! Es sieht kurios aus, dass ich darüber red, aber ich mag das nicht. Diese Person macht immer Augen auf mich, als wenn – und red't immer, als ob – und tut immer, als wie – und – ich mag das nicht.

FRAU VON CYPRESSENBURG. Sie soll fort, heute noch –!

TITUS. Und dann betragt sich Dero Friseur auch auf eine Weise – er hat ein fermes Liaisonverhältnis mit der Kammerfrau, was doch ganz gegen den Anstand des Hauses –

FRAU VON CYPRESSENBURG. Den dank ich ab.

TITUS. Mich verletzt so was gleich, diese Liebhaberei, dieses Scharmieren, ich seh das nicht gern – *(beiseite)* ich tu's lieber selber.

FRAU VON CYPRESSENBURG *(beiseite)*. Welch zartes, nobles Sentiment! *(Laut.)* Marquis hat mich zum letzten Male frisiert.

TITUS. Und dann is noch die Gärtnerin – na, da will ich gar nichts sagen.

FRAU VON CYPRESSENBURG. Sprechen Sie, ich will es!

TITUS. Sie hat mir einen halbeten Heiratsantrag gemacht.

FRAU VON CYPRESSENBURG. Impertinent!

TITUS. Einen förmlichen halbeten Heiratsantrag!

FRAU VON CYPRESSENBURG. Die muss heute noch aus meinem Hause!

TITUS *(für sich)*. Alle kommen s' fort; jetzt kann ich blonder Jüngling bleiben. *(Laut.)* Mir ist leid, dass ich –

FRAU VON CYPRESSENBURG. Schreiben Sie sogleich an alle drei die Entlassungsbriefe.

TITUS. Nein, das kann ich nicht. Mein erstes Geschäft als Sekretär darf kein so grausames sein.

FRAU VON CYPRESSENBURG. Nein, ein edles Herz hat der junge Mann!

Einundzwanzigste Szene

Emma, aus der Seitentüre links. Die Vorigen.

EMMA. Mama, ich komme, die Constanze zu verklagen, sie hat mich durch ihr Benehmen gezwungen, sie eine dumme Gans zu heißen.

TITUS *(für sich)*. Dass doch immer eine der andern was vorzurufen hat!

FRAU VON CYPRESSENBURG. Du wirst ihr sogleich den Dienst aufkünden, der Constanze mündlich, der Gärtnerin und dem Friseur schriftlich.

EMMA. Schön, liebe Mama!

TITUS *(sich erstaunt stellend)*. Mama?!

FRAU VON CYPRESSENBURG. Ja, dies ist meine Tochter.

TITUS. Ah! – Nein! – Nein! – Hör'n Sie auf! – Nein, das ist nicht möglich!

FRAU VON CYPRESSENBURG. Warum nicht?

TITUS. 's geht ja gar nicht hinaus mit die Jahre.

FRAU VON CYPRESSENBURG *(sich sehr geschmeichelt fühlend)*. Doch, mein Freund!

TITUS. So eine junge Dame – und diese große Tochter? Nein, das machen Sie wem andern weis! Das ist eine weitschichtige Schwester oder sonst eine himmelweit entfernte Verwandte des Hauses. Wenn ich Euer Gnaden schon eine Tochter zutrauen soll, so kann sie höchstens – das is aber schon das Höchste – so groß sein – *(zeigt die Größe eines neugebornen Kindes)*.

FRAU VON CYPRESSENBURG. Es ist so, wie ich gesagt. Man hat sich konserviert.

TITUS. Oh, ich weiß, was Konservierung macht. Aber so weit geht das Konservatorium nicht.

FRAU VON CYPRESSENBURG *(huldreich lächelnd)*. Närrischer Mensch – ich muss jetzt zur Toilette eilen, sonst überraschen mich die Gäste! Du, Emma, begleite mich! – *(Zu Titus.)* Ich sehe Sie bald wieder.

TITUS *(wie vom Gefühle hingerissen)*. Oh, nur bald! *(Tut, als ob er über diese Worte vor sich selbst erschrocken wäre, fasst sich, verneigt sich tief und sagt in unterwürfigem Tone.)* Nur bald ein Geschäft, wo ich meinen Diensteifer zeigen kann!

FRAU VON CYPRESSENBURG *(im Abgehen).* Adieu! *(Mit Emma zur Seitentür links ab.)*

Zweiundzwanzigste Szene

Titus allein.

TITUS. Gnädige! Gnädige! Ich sag derweil nichts als: Gnädige! – Wie ein' das g'spaßig vorkommt, wenn ein' nie eine mögen hat, und man fangt auf einmal zum Bezaubern an, das ist nit zum Sagen. Wann ich denk: Heut Vormittag und jetzt, das wird doch eine Veränderung sein für einen Zeitraum von vier bis fünf Stund'! Ja, die Zeit, das is halt der lange Schneiderg'sell, der in der Werkstatt der Ewigkeit alles zum Ändern kriegt. Manchsmal geht die Arbeit g'schwind, manchmal langsam, aber firtig wird's, da nutzt amal nix, g'ändert wird all's!

Lied

1.

's war einer von Eisen, hat wütend getanzt,
Dann mit 'm Gefrornen sich beim offnen Fenster
auf'pflanzt,
Is g'rennt und g'sprengt zu die Amouren in Karriere,
Spielt und trinkt d' ganze Nacht, er weiß vom Bett gar
nix mehr.

Nach zehn Jahren is d' Brust hektisch, homöopathisch
der Mag'n,
Er muss im Juli flanellene Nachtleib'ln trag'n
Und extra ein' wattierten Kaput, sonst war's z' kühl –
Ja, die Zeit ändert viel.

2.

's hat einer a Braut, steckt den ganzen Tag dort,
Wenn die Dienstleut ins Bett schon woll'n, geht er
erst fort;
Dann bleibt er noch drunt', seufzt aufs Fenster in
d' Höh,
Erfrört sich die Nasen vom Dastehn im Schnee.
A halb's Jahr nach der Hochzeit rennt er ganze
Täg aus,
Kommt spät auf die Nacht oder gar nit nach Haus;
Dann reist er nach Neapel, sie muss in die Brühl –
Ja, die Zeit ändert viel.

3.

A Sängerin hat g'sungen wie Sphärenharmonie,
Wann s' der Schnackerl hat g'stoßen, war's
Feenmelodie.
Diese Stimm, die is was Unerhörtes gewest,
Aus Neid sein die Nachtigall'n hin wor'n im Nest;
Silberglocken war'n rein alte Häfen gegen ihr;
Sechs Jahr drauf kriegt ihr Stimm a Schneid wie
's Plutzerbier.
Jetzt kraht s' nur dramatisch, frett't sich durch mit
'm Spiel –
Ja, die Zeit ändert viel.

4.

Ah, das is a lieber Knab, artig und nett
Und schön und bescheiden und gar so adrett,
Er is still, bis man 'n fragt, nacher antwort't er
                drauf, 5
Wo man 'n hinnimmt, da hebt man a Ehr mit ihm
                auf;
's machen d' Herren und die Frauen mit dem Knab'n a
                Spektakl!
Nach zehn Jahren is der Knab a großmächtiger Lackl, 10
A Löllaps, der keck in alles dreinreden will –
Ja, die Zeit ändert viel.

5.

A Schönheit hat dreizehn Partien ausg'schlagen,
Darunter waren achte mit Haus, Ross' und Wagen, 15
Zwa Anbeter hab'n sich an ihr'm Fenster aufg'henkt,
Und drei hab'n sich draußen beim Schanzel
                dertränkt,
Vier hab'n sich beim Dritten Kaffeehaus erschossen.
Seitdem sein a sieb'nzehn Jahrln verflossen, 20
Jetzt schaut s' keiner an, sie kann sich au'm Kopf
                stell'n, wenn s' will –
Ja, die Zeit ändert viel.

6.

Hat einst einer über ein' sein' Schöne was g'sagt, 25
Pumsti, hat er a eiserne Ohrfeigen erfragt,
Nach der Klafter haben s' kämpft, und gleich auf Tod
                und Leben!
Alle Daum'lang hat's blutige Fehde gegeben.

Jetzt nehmen die Liebhaber das nit a so,
Machen über ihr' Schöne selbst scharfe Bonmots,
Für ihr'n Bierhauswitz nehmen s' d' Geliebte als
                                    Ziel –
5   Ja, die Zeit ändert viel.
    (Durch die Seitentür rechts ab.)

Dreiundzwanzigste Szene

*Herr von Platt, mehrere Herren und Damen treten während
dem Ritornell des folgenden Chores ein.*

10 CHOR. 's ist nirgends so wie in dem Haus amüsant,
        Denn hier sind die Karten und Würfel verbannt,
        Bei Frau von Cypressenburg in Soiree,
        Da huldigt den Musen man nur und dem Tee.

    *(Während dem Chor haben Bediente einen großen
15 gedeckten Tisch gebracht und die Stühle gesetzt.)*

Vierundzwanzigste Szene

Frau von Cypressenburg. Die Vorigen. Dann Titus.

FRAU VON CYPRESSENBURG. Willkommen, meine Her-
    ren und Damen!
20 DIE GÄSTE. Wir waren so frei –
FRAU VON CYPRESSENBURG. Sie befinden sich allerseits?
DIE HERREN. Danke ergebenst!

DIE DAMEN *(untereinander)*. Migräne, Kopfschmerz, Rheumatismus –

FRAU VON CYPRESSENBURG. Ist's nicht gefällig?
(Alle setzen sich zum Tee.)

TITUS *(aus der Seitentür rechts)*. Ich komme vielleicht ungelegen –?

FRAU VON CYPRESSENBURG. Wie gerufen! *(Ihn der Gesellschaft präsentierend.)* Mein neuer Sekretär!

ALLE. Ah, freut mich!

FRAU VON CYPRESSENBURG *(zu Titus)*. Nehmen Sie Platz! *(Titus setzt sich.)*

FRAU VON CYPRESSENBURG. Dieser Herr wird Ihnen in der nächsten Soiree meine neuesten Memoiren vorlesen.

ALLE. Scharmant!

HERR VON PLATT. Schade, dass die gnädige Frau nichts fürs Theater schreiben.

FRAU VON CYPRESSENBURG. Wer weiß, was geschieht; es kann sein, dass ich mich nächstens versuche.

TITUS. Ich hör, es soll unendlich leicht sein, es geht als wie g'schmiert.

HERR VON PLATT. Ich für mein Teil hätte eine Leidenschaft, eine Posse zu schreiben.

TITUS *(zu Herrn von Platt)*. Warum tun Sie's denn nicht?

HERR VON PLATT. Mein Witz ist nicht in der Verfassung, um etwas Lustiges damit zu verfassen.

TITUS. So schreiben Sie eine traurige Posse. Auf einem düsteren Stoff nimmt sich der matteste Witz noch recht gut aus, so wie auf einem schwarzen Samt die matteste Stickerei noch effektuiert.

HERR VON PLATT. Aber was Trauriges kann man doch keine Posse heißen?

TITUS. Nein! Wenn in einem Stück drei G'spaß und sonst nichts als Tote, Sterbende, Verstorbene, Gräber und Totengräber vorkommen, das heißt man jetzt ein Lebensbild.

HERR VON PLATT. Das hab ich noch nicht gewusst.

TITUS. Is auch eine ganz neue Erfindung, gehört in das Fach der Haus- und Wirtschaftspoesie.

FRAU VON CYPRESSENBURG. Also lieben Sie die Rührung nicht?

TITUS. O ja, aber nur, wenn sie einen würdigen Grund hat, und der find't sich nicht so häufig. Drum kommt auch eine große Seele langmächtig mit ein' Schnupftüchel aus, dagegen brauchen die kleinen, guten Ordinariseelerln a Dutzend Fazinetteln in einer Komödie.

FRAU VON CYPRESSENBURG *(zu ihrer Nachbarin)*. Was sagen Sie zu meinem Sekretär?

Fünfundzwanzigste Szene

Flora. Die Vorigen.

FLORA *(kommt weinend zur Mitte herein)*. Euer Gnaden, ich bitt um Verzeihung, dass ich –

ALLE *(erstaunt)*. Die Gärtnerin?

TITUS *(betroffen, beiseite)*. Verdammt!

FLORA *(zu Frau von Cypressenburg)*. Ich kann's nicht glauben, dass Sie mich aus dem Dienst geben, ich hab ja nix getan.

FRAU VON CYPRESSENBURG. Ich bin über die Gründe, die mich dazu veranlassen, keine Rechenschaft schuldig! Übrigens –

FLORA *(Titus erblickend und erstaunt)*. Was is denn das? Der hat blonde Haar'?

FRAU VON CYPRESSENBURG. Was gehen Sie die Haare meines Sekretärs an? Hinaus!

Sechsundzwanzigste Szene

Constantia. Emma. Die Vorigen.

CONSTANTIA *(tritt weinend mit Emma zur Mitte ein)*. Nein, das kann nicht sein!

EMMA. Ich habe Ihr gesagt, was die Mama befohlen.

CONSTANTIA. Ich bin des Dienstes entlassen?

ALLE *(erstaunt sich zu Frau von Cypressenburg wendend)*. Im Ernst?

CONSTANTIA. Euer Gnaden, das hätt ich mir nie gedacht! Ohne Grund –

HERR VON PLATT. Was hat sie denn verbrochen?

CONSTANTIA. Die Haare des Herrn Sekretärs sind schuld.

FRAU VON CYPRESSENBURG. Wie lächerlich! Das ist nicht der Grund. *(Zur Gesellschaft.)* Übrigens, was sagen Sie zu der Närrin? Sie behauptet, er wäre schwarz! Nun frag ich Sie, ist er blond oder nicht?

CONSTANTIA. Er ist schwarz.

FLORA. Das sag ich auch, er ist schwarz!

Siebenundzwanzigste Szene

Marquis. Die Vorigen.

MARQUIS *(zur Mitte eintretend)*. Und ich sage, er ist nicht
schwarz und ist nicht blond!

ALLE. Was denn, Herr Friseur?

MARQUIS. Er ist rot!

ALLE *(erstaunt)*. Rot?

TITUS *(für sich)*. Jetzt nutzt nix mehr! *(Aufstehend und die
blonde Perücke mitten auf die Bühne werfend.)* Ja, ich bin
rot!

ALLE *(erstaunt vom Teetisch aufstehend)*. Was ist das?

FRAU VON CYPRESSENBURG. Fi donc!

CONSTANTIA *(zu Titus)*. Ach, wie abscheulich sieht Er aus!

FLORA *(zu Titus)*. Und die rote Ruben hat mich heirat'n
woll'n?

FRAU VON CYPRESSENBURG *(zu Titus)*. Er ist ein Betrüger, der meine treuesten Diener bei mir verleumdete!
Fort, hinaus, oder meine Bedienten sollen –

TITUS *(zu Frau von Cypressenburg)*. Wozu? Der Zorn
überweibt Sie! – Ich gehe –

ALLE. Hinaus!

TITUS. Das ist Ottokars Glück und Ende! *(Geht langsam
mit gesenktem Haupte zur Mitte ab.)*

CHOR DER GÄSTE. Nein, das ist wirklich der Müh wert,
Hat man je so was gehört!

*(Frau von Cypressenburg affektiert eine Ohnmacht, unter
allgemeiner Verwirrung fällt der Vorhang.)*

Dritter Akt

Die Dekoration wie am Anfange des zweiten Aktes, ein Teil des Gartens mit der Gärtnerwohnung.

Erste Szene

Titus allein, kommt melancholisch hinter dem Flügel des Schlosses hervor.

TITUS. Das stolze Gebäude meiner Hoffnungen ist assekuranzlos ab'brennt, meine Glücksaktien sind um hundert Prozent g'fall'n, und somit beläuft sich mein Aktivstand wieder auf die rundeste aller Summen, nämlich auf Null. Kühn kann ich jetzt ausrufen: Welt, schicke deine Wälder über mich, Wälder, lasst eure Räuber los auf mich, und wer mich um einen Kreuzer ärmer macht, den will ich als ein Wesen höherer Natur verehren! – Halt! Ich hab ja doch was profitiert bei der G'schicht: Einen sehr guten Anzug hat mir das Schicksal gelassen; vielleicht nur als aushienzendes Souvenir an eine g'stolperte und auf d' Nasen g'fallne Karriere. Also doch eine Ausbeute: dieser schwarze Frack –

Zweite Szene

Titus. Georg.

GEORG *(welcher während der letzten Worte rasch hinter dem Schloss hervorgekommen ist, ihm in die Rede fallend).*
5 Wird samt Weste und Beinkleid aufs Schloss zurückgeschickt.

TITUS. Oh, lieber Abgeordneter, wissen Sie, dass Sie eine höchst unangenehme Sendung –

GEORG. Nur keine Umständ g'macht –!

10 TITUS. Gesetzt, lieber Abgeordneter, ich wär jetzt schon heidipritsch gewesen?

GEORG. Oh, unser Wachter holt jeden Vagabunden ein.

TITUS. Oder gesetzt, lieber Abgeordneter, ich vergesset das
15 Völkerrecht und schlaget Ihnen nieder und laufet davon, was würden –

GEORG. Zu Hilf, zu Hilf!

TITUS. Wegen was schrein S' denn? Ich frag ja nur, und a Frag is erlaubt.

20 GEORG *(nach der Türe der Gärtnerwohnung rufend).* Plutzerkern!

PLUTZERKERN *(von innen).* Was gibt's?

GEORG *(die Tür der Gärtnerwohnung öffnend und hineinsprechend).* Der wird da sein Vagabundeng'wand wieder
25 anziehen und die honetten Kleider dalassen.

PLUTZERKERN *(von innen).* Schon recht!

TITUS *(zu Georg).* Sie sind ein äußerst schmeichelhafter Mensch.

GEORG. Keine Komplimente! In einer Viertelstund müssen

die Kleider da und Er muss wenigstens Gott weiß wo
sein! Verstanden? *(Geht ab hinter dem Schlosse.)*

Dritte Szene

Titus allein.

TITUS. O ja, ich versteh alles. Das Unglück hat mich heim-
gesucht, ich hab die Visit im schwarzen Frack empfangen
wollen, aber das Unglück sagt: Ich bin ja ein alter Be-
kannter, ziehen S' ein' schlechten, zerrissnen Rock an,
machen S' keine Umständ wegen mir!
PLUTZERKERN *(von innen).* No, wird's werden?
TITUS. Komm schon, komm schon! *(Ab in die Gärtnerwohnung.)*

Vierte Szene

Spund und Salome von links auftretend.

SALOME. Sie hab'n aber g'wiss nix Übles vor mit ihm?
SPUND. Wann ich schon sag: Nein! Ich tu ja nur das, was
mir der Bräumeister g'sagt hat, denn das ist der einzige
Mann, der auf meinen Geist Einfluss hat.
SALOME. Und was hat denn der g'sagt?
SPUND. Er hat g'sagt: »Das haben S' davon, weil S' Ihnen
von Jugend auf net um ihn umg'schaut haben! Jetzt geht
er durch und macht der Familie vielleicht Schand und
Spott in der Welt!« Drum bin ich ihm nach.

SALOME. Und woll'n ihn etwa gar einsperren lassen?

SPUND. Ich? Für mein Leben gern! Aber der Bräumeister hat gesagt: »Das wär auch eine Schmach für die Familie.«

SALOME. Ah, gengen S', aufn leiblichen Vettern so bös –

SPUND. Oh, es kann einem ein leiblicher Vetter in der Seel z'wider sein, wenn er rote Haar' hat.

SALOME. Is denn das ein Verbrechen?

SPUND. Rote Haar' zeigen immer von ein' fuchsigen Gemüt, von einem hinterlistigen – und dann verschandelt er ja die ganze Freundschaft! Es sein freilich schon alle tot, bis auf mich, aber wie sie waren in unserer Familie, haben wir alle braune Haar' g'habt, lauter dunkle Köpf, kein lichter Kopf zu finden, soweit die Freundschaft reicht, und der Bub untersteht sich und kommt rotschädlet auf d' Welt.

SALOME. Desswegen soll man aber ein' Verwandten nit darben lassen, wenn man anders selber was hat.

SPUND. Was ich hab, verdank ich bloß meinem Verstand.

SALOME. Und haben Sie wirklich was?

SPUND. Na, ich hoff! Meine Eltern haben mir keinen Kreuzer hinterlassen. Ich war bloß auf meinen Verstand beschränkt, das is eine kuriose Beschränkung, das!

SALOME. Ich glaub's, aber –

SPUND. Da is nachher eine Godl g'storben und hat mir zehntausend Gulden vermacht. Denk ich mir, wann jetzt noch a paar sterbeten von der Freundschaft, nachher könnt's es tun. Richtig! Vier Wochen drauf stirbt ein Vetter, vermacht mir dreißigtausend Gulden, den nächsten Sommer steht ein Vetter am kalten Fieber ab, ich erb zwanzigtausend Gulden. Gleich den Winter drauf schnappt eine Mahm am hitzigen Fieber auf und hinterlässt mir vierzigtausend Gulden; a paar Jahre drauf noch eine Mahm, und dann wieder eine Godl, alles, wie ich mir's denkt hab! Na, und dann in der Lotterie hab ich auch achtzehntausend Gulden g'wonnen.

SALOME. Das auch noch? 5

SPUND. Ja, man muss nit glauben, mit 'm Erben allein is es schon abgetan; man muss was andres auch versuchen; kurzum, ich kann sagen: was ich hab, das hab ich durch meinen Verstand.

SALOME. Na, so g'scheit wird der Mussi Titus wohl auch 10 sein, dass er Ihnen beerbt, wann S' einmal sterben.

SPUND. Mir hat einmal ein g'scheiter Mensch g'sagt: Ich kann gar nit sterben – warum, hat er nicht g'sagt – das war zwar offenbar nur eine Schmeichelei; aber wenn es einmal der Fall is, so werd ich schon Leut nach mein' 15 Gusto finden für mein Vermögen, ich könnt das nicht brauchen, dass mir a Rotkopfeter die Schand antut und erweist mir die letzte Ehr.

SALOME. Also tun Sie weder jetzt noch nach Ihrem Tod was für den armen Mussi Titus? 20

SPUND. Ich tu das, was der Bräumeister g'sagt hat. Ich kauf ihm eine Offizin in der Stadt, das bin ich der verstorbenen Freundschaft schuldig; dann gib ich ihm a paar tausend Gulden, dass er dasteht als ordentlicher Mann; dann sag ich ihm noch a paar Grobheiten wegen die ro- 25 ten Haar', und dann därf er sich nicht mehr vor mir blicken lassen.

SALOME (freudig). Also machen S' ihn doch vermöglich und glücklich?

SPUND. Ich tu das, was der Bräumeister g'sagt hat. 30

SALOME (traurig für sich). Ich g'freu mich drüber, und

wann er nicht mehr arm is, is er ja erst ganz für mich verlor'n. *(Seufzend.)* Mir hat er ja so nix wollen!

SPUND. Und als was is er denn im Schloss?

SALOME. Das weiß ich nit, aber bordiert is er vom Kopf bis zum Fuß voll goldene Borten.

SPUND. Das is Livree! O Schandfleck meiner Familie! Der Neveu eines Bierversilberers voll goldene Borten! Ich parier, die ganze Freundschaft hat sich um'kehrt im Grab! Skandal ohnegleichen! Führ Sie mich g'schwind hinauf, ich beutl ihn heraus aus der Livree – nur g'schwind! Ich hab keine Ruh, bis die Schmach getilgt is und meine Freundschaft wieder daliegt im Grab, wie es sich g'hört.

SALOME. Aber lassen S' Ihnen nur sagen –

SPUND *(äußerst agitiert)*. Vorwärts, hab ich g'sagt – Leuchter, voran! *(Treibt sie vor sich her hinter den Flügel des Schlosses.)*

Fünfte Szene

Flora. Dann Plutzerkern.

FLORA *(tritt von links auf)*. He! Plutzerkern! Plutzerkern!

PLUTZERKERN *(aus der Gärtnerwohnung kommend)*. Was schaffen S'?

FLORA. Der Mensch ist doch schon fort, hoffe ich?

PLUTZERKERN. Nein, er is noch nicht fertig.

FLORA. Er soll sich tummeln!

PLUTZERKERN *(boshaft)*. Wünschen Sie vielleicht ein Abschiedssouper in zweien, bei dem ich überflüssig bin?

FLORA. Dummkopf!

PLUTZERKERN. Ich hab nur glaubt, weil Sie sich z' Mittag so um ihn g'rissen hab'n; jetzt wär die Gelegenheit günstig, jetzt schnappt ihn Ihnen doch die Kammerfrau nicht mehr weg.

FLORA. Halt Er 's Maul und schick Er ihn fort!

PLUTZERKERN (in die Gärtnerwohnung rufend). Mach der Herr einmal, dass er weiterkommt!

TITUS (von innen). Gleich!

Sechste Szene

Titus. Die Vorigen.

TITUS (in seinem schlechten Anzug wie zu Anfang des Stückes, aus der Gärtnerwohnung kommend). Bin schon da!

FLORA. Sehr gefehlt für einen Menschen, der schon fort sein sollt!

TITUS. Die Gärtnerin, die auch an meinem Haar ein Haar g'funden hat! Wollen Sie mir vielleicht gütigst was mitgeben aufn Weg?

FLORA. Für die kecke Täuschung, die Er sich gegen mich erlaubt hat, was mitgeben? Ich will lieber nachschaun, ob Er nichts mitg'nommen hat. (Geht, ihn verächtlich messend, in ihre Wohnung ab.)

TITUS (entrüstet). Was –!?

PLUTZERKERN. Ja, ja, man kann nicht wissen! (Ihn ebenfalls verächtlich messend.) Haariger Betrüger! (Geht in die Gärtnerwohnung ab.)

Siebente Szene

Titus. Dann später Georg.

TITUS *(allein).* Impertinentes Volk! – Das is wahr, recht
liebreich behandeln ein' d' Leut, wenn ein' der Faden
ausgeht. Im Grund hab ich's verdient, ich hab mich
auch nicht sehr liebreich benommen, wie ich obenauf
war – lassen wir das! Es wird Abend, in jeder Hinsicht
Abend! Die Sonne meines Glücks und die wirkliche
Sonne sind beide untergegangen im Okzident – wohin
sich jetzt wenden, dass man ohne Kreuzer Geld ein
Nachtquartier find't – das ist die schwierige okzidentalische Frage. – *(Das Schloss und die Gärtnerwohnung
betrachtend.)* Zimmer gäbet's da g'nug, aber ich schein
eine Kost zu sein, die der Magen dieser Zimmer nicht
vertragt.

GEORG *(kommt hinter dem Schlosse hervor und tritt Titus
mit einem sehr artigen Kompliment entgegen).* Herr von
Titus?

TITUS *(über diese Höflichkeit frappiert).* Ich bitt mir's aus,
mich nicht für einen Narren z' halten!

GEORG. Ich weiß recht gut, für was ich Ihnen zu halten
hab – *(beiseite)* ich darf's aber nit sagen. *(Laut.)* Sie möch-
ten aufs Schloss kommen.

TITUS *(erstaunt).* Ich?

GEORG. Zu der Kammerfrau.

TITUS. Ich? Zu der Madame Constantia?

GEORG. Dann vielleicht auch zu der gnädigen Frau! Aber
nicht gleich, erst in einer halben Stund! Sie können derweil da im Garten spaziern gehn.

TITUS *(für sich)*. Unbegreiflich! Aber ich tu's! *(Zu Georg.)* Ich werd warten und dann erscheinen, wie befohlen. Wollten Sie aber nicht die Güte haben, dort – *(nach links deutend)* sind Gartenleut – und ihnen sagen, dass ich mit herrschaftlicher Erlaubnis hier promeniere, denn nach dem Sprichwort: »Undank is der Welt Lohn« hab ich Grund zu vermuten, dass sie zum Dank für das, dass ich s' heut traktiert hab, jetzt Hinauswerfungsversuche an mir tentiereten.

GEORG. Oh, ich bitt, Herr von Titus, das werden wir gleich machen. *(Geht, sich artig verneigend, ab.)*

Achte Szene

Titus allein.

TITUS. Ich reim mir das Ding schon zusamm': Die Gnädige wird in einem Anfall von Gnad in sich gegangen sein, eing'sehen haben, dass sie mich als armen Teufel zu hart behandelt hat, und ruckt jetzt zum Finale mit einer Wegzehrung heraus. – Halt! *(Von einer Idee ergriffen.)* Um diesen Zweck noch sicherer zu erreichen, erweis ich ihr jetzt eine zarte Aufmerksamkeit – *(in die Tasche greifend)* ich hab ja da noch – sie kann die roten Haar' nit leiden – ich hab da die graue Perücken vom eh'maligen Gartner im Sack – *(zieht sie hervor)* mit der mach ich jetzt meine Abschiedsvisite, dann lasst s' g'wiss was springen. Ich probier's jetzt mit der grauen. Schwarze und blonde Haar' changieren sehr bald die Farb, so hat auch für mich bei beiden nur eine kurze Herrlichkeit herausg'schaut!

Die grauen Haare ändern sich nicht mehr, vielleicht mach
ich mit die grauen ein dauerhaftes Glück. *(Geht links im
Vordergrund ab.)*

Neunte Szene

5 *Flora. Plutzerkern.*

FLORA *(noch von innen).* Hab ich's aber nicht g'sagt, dass
wir so was erleben? *(Kommt ärgerlich aus ihrer Wohnung.)* Oh, ich kenn meine Leut! *(Zu Plutzerkern.)* Du
laufst ihm nach!
10 PLUTZERKERN. Es is aber nicht der Müh wert.
FLORA. Er hat die Perücken von mein' seligen Mann g'stoh-
len, die is für mich unschätzbar, wann ich will.
PLUTZERKERN. Hören S' auf, 's sein Schaben drin.
FLORA. Du laufst ihm nach, entreißt ihm den Raub!
15 PLUTZERKERN. Da kriegt er keine zwei Groschen dafür.
FLORA. Nachlaufen, hab ich g'sagt, g'schwind!
PLUTZERKERN *(indem er langsam hinter der Gärtnerwohnung abgeht).* Ich werd schaun, dass ich ihn einhol –
glaub aber nit. *(Ab.)*

20 Zehnte Szene

Flora. Georg.

FLORA *(sehr ärgerlich).* Ewig schad, dass 's schon Abend is!
Jetzt hat der Wachter schon sein' Rausch, sonst ließ' ich

ihn einsperren, den impertinenten Ding, der sollt denken an mich!

GEORG *(aus dem Vordergrund links auftretend).* Was is
denn, Frau Gärtnerin, warum denn so im Zorn?

FLORA. Ach, weg'n dem herg'loff'nen Filou! 5

GEORG. Pst! Halt! Ehre, dem Ehre gebührt! Ich hab ihn früher auch einen Vagabunden g'heißen, aber er hat einen
steinreichen Herrn Onkel, der is an'kommen, nimmt
sich an um ihn, kauft ihm in der Stadt die erste Offizin,
denn er is ein studierter Balbierer, dann schenkt er ihm 10
viele tausend und tausend Gulden.

FLORA *(äußerst erstaunt und betroffen).* Hörn Sie auf!

GEORG. Wie ich Ihnen sag – ich hab ihn grad aufs Schloss
b'stellen müssen, den Mussi Titus, er därf noch nix wissen, aber »Herr von« hab ich doch zu ihm g'sagt, denn 15
Ehre, dem Ehre gebührt! *(Geht hinter dem Schlosse ab.)*

Elfte Szene

Flora. Dann Titus. Dann Salome.

FLORA *(allein).* Diese Nachricht is auf Krämpf herg'richt't,
und ich hab den Menschen so grob behandelt. Jetzt 20
heißt's umstecken und alles dransetzen, dass ich Frau
Balbיererin werd! Es wär ja nur aufm Land ein Unglück,
in der Stadt kann man's schon aushalten mit ein' rotkopfeten Mann. Dort kommt er! *(Nach links sehend.)* Ich will
mich stellen, als ob's mich reuet – was stellen! Ich bin ja 25
wirklich vor Reu ganz außer mir.

Quodlibet-Terzett

FLORA.
   Titus! Titus!

TITUS *(aus dem Hintergrunde links)*.
5   D' Gartnerin ruft mich zu sich?

FLORA.
   Ach, Herr Titus, hören S' mich!

TITUS.
   D' Gartnerin ruft mich zu sich?

10 FLORA.
   Ach, Herr Titus, hören S' mich!
   's lasst mir kein' Rast und keine Ruh.

TITUS.
   Was S' z' sag'n hab'n, reden S', ich hör zu.

15 FLORA.
   Bereuen kann man nie zu fruh!

TITUS.
   Der Abschied, hör'n Sie, war schmafu.

FLORA.
20   's lasst mir kein' Rast und keine Ruh!

TITUS *(zugleich)*.
   Was S' z' sag'n hab'n, red'n S', ich hör zu.

FLORA.
   Bereuen kann man nie zu fruh!

25 TITUS *(zugleich)*.
   Der Abschied, hör'n Sie, war schmafu!

FLORA.
   Bereuen kann man, nein, das kann man nie zu fruh!

TITUS *(zugleich)*.
30   Der Abschied, hör'n Sie, der war wirklich sehr schmafu!

FLORA.

Tun Sie nicht von mir sich wenden
Und mir Hasses Blicke senden!
Nicht vertrag ich's!

TITUS.   5

                Na, was is denn?

FLORA.

Ich vergehe –!

TITUS.

Versteht si!   10

FLORA.

           Weh mir!

TITUS.

's magerlt ewige Zeiten,
Wird man von solchen Leuten   15
Malträtiert, das greift ans Herz;
Fern von eurem flachen Lande
Schließ ich andre Liebesbande;
In d' Schweiz zieht der Verkannte,
Dort heilt a Kuhdirn den tief'n Schmerz.   20

FLORA.

Meiner Gall war ich früher nicht Meister,
Vergeben Sie und sei'n Sie nicht hart!
Es rächen sich doch große Geister
Ja immer nur auf edle Art.   25

TITUS.

Es tobet in mir Rache,
Wie die Ehre, wie die Liebe sie fordert –

FLORA.

Willst du schon wieder gehn?   30

TITUS.
>   Ja, ich will gehn, froh und frei,
>   Nie deinen Tempel sehn.

FLORA.
5   Ach, du kannst nicht begreifen, nicht fühlen,
>   Welche Qualen die Brust mir durchwühlen,
>   Diese Flammen, die nie mehr zu kühlen,
>   Wie von Reue das Herz mir bricht!
10 Ja, dich nenn ich mein teures Leben,
>   Dich mein einziges, glühendes Streben!
>   Willst du grausam mir nimmer vergeben,
>   Erwidern die Tränen mit Hohn,
>   Willst du grausam mir nimmer vergeben,
>   Erwidern die Tränen mit Hohn –?

15 TITUS.
>   Dass ich so g'schwind Lieb konnt erwecken,
>   Da muss was dahinterstecken,
>   Alles eins, ich sag: Beim Bäcken
>   Kriegt man d' Semmeln, mich aber nicht!
20 's nutzt nix, die G'schicht,
>   Bitt fort a Jahrl,
>   Mich erwischst nicht,
>   Mir wer'n kein Paarl,
>   's is umsonst, hast nix davon,
25 's is umsonst, hast nix davon.

SALOME *(kommt)*.
>   Ich hab wahrlich keinen Grund,
>   Ein lustig's G'sicht zu machen,
>   Und doch öffnet sich mein Mund
30 Herzlich jetzt zum Lachen.
>   Wie der dicke Herr im Schloss

Sich benimmt, is g'spaßi,
Da hat er's gegeb'n ganz groß,
Droben is er dasi – hahaha!

FLORA.

Was will denn die da?

SALOME *(Titus erblickend)*.

Was is das? Jetzt bei der?
Das gehört auch zum Malheur.

TITUS.

D' Salome,
Soll die mich hier als Flegel sehen?

FLORA.

Titus! Grob därfen S' jetzt nit sein –

SALOME.

Dass ich grad dazu muss kommen!

TITUS.

Wenigstens zum Schein –

FLORA.

Wir sind nicht mehr allein.

SALOME.

Doch ich hab mir vorgenommen –

TITUS.

Will ich all's verzeihn.

FLORA *(zugleich mit Titus und Salome)*.

Ha, Worte, die sanft erklingen,
Vernehm ich, es wird mir gelingen,
Mir wieder zu erringen,
Was ich verlor,
Was ich verlor,
Und was mein Glück allein.

TITUS *(zugleich).*

    Wenn sanft die Worte klingen,
    Brauchen S' vor Freud nicht zu springen,
    Schwerlich wer'n S' mich erringen.
5   Denn wohlgemerkt,
    Ich hab nur g'sagt: zum Schein!

SALOME *(zugleich).*

    Nichts mehr z' sagen,
    Mir es aus dem Sinn zu schlagen,
10   's soll nicht sein,
    Nein, 's soll nicht sein.

TITUS.

    Ach, sie im Netz zu sehen,
    Ach, ich muss es gestehen,
15   Ja, leicht wär es geschehen,
    Doch nein, nein, nein, ich will das nicht,
    Die Liebe, dideidldidum,
    Erfüllet, dideidldidum,
    Mich gar nicht, dumdidldidum,
20   Für sie, durchaus nein!
    Ach, sie im Netz zu sehen,
    Ich muss es gestehen,
    Leicht wär es geschehen,
    Doch nein! Ihrer Liebe Sehnen
25   Stillbeglückt zu krönen
    Darf ich nicht entbrennen, nein!

ALLE DREI.

    Man schmeichelt sich mit Hoffnung oft,
    Zu Wasser wird, was man gehofft.

30 FLORA.

    Bei mir soll's nicht zu Wasser wer'n,
    Das Glück hat halt die Witwen gern.

TITUS, SALOME.

Das Glück, das foppt uns halt so gern!

ALLE DREI.

Wenn man glaubt, man hat das Glück
Schon sicher in sein' Haus,
Husch, husch, husch, im Augenblick
Beim Fenster rutscht's hinaus.
Man schmeichelt sich mit Hoffnung oft,
Zu Wasser wird das, was man hofft –

FLORA.

Mir soll's nit zu Wasser wer'n!

TITUS, SALOME.

Warum soll's nit zu Wasser wer'n?

FLORA.

Das Glück hat mich zu gern.

TITUS, SALOME.

Das Glück, das foppt uns gern!

SALOME.

Mein Bruder, der Jodl, singt so:
Ja, mit die Madeln da is richti, richti, richti
Allemal a rechter G'spaß,
Tun s' vor'n Leuten noch so schüchti, schüchti,
                schüchti,
Was man z' denken hat, man waß's!
Und ich bin a schöner Kerl, Kerl, Kerl,
G'wachsen wie a Pfeifenröhrl, Röhrl, Röhrl,
Unter den Männern schon die Perl, Perl, Perl,
Drüber lasst sich gar nix sag'n,
Ich hab Rosomi im Schädel, Schädel, Schädel,
Drum bin ich stolz und bettel, bettel, bettel
Nit erst lang um so a Mädl, Mädl, Mädl,

Obs d' nit doni gehst vom Wag'n, Wag'n, Wag'n,
Obs d' nit doni gehst vom Wag'n.

ALLE DREI.
Bald wird's anders werden,
5 Kuraschiert auf den Weg,
Der zum Ziel uns führt,
Fortmarschiert, so lang, bis 's besser wird.
's Glück is rund,
Darum geht's auf der Welt so bunt,
10 Ohne Grund
Liegt man g'schwind öfters drunt'.

FLORA, SALOME.
Wir sein nix als –

TITUS.
15 Wir sein nix als – wir sein nix als –

FLORA, SALOME.
Narren des Schicksals,

TITUS.
Narren des Schicksals, Narren des Schicksals.

20 FLORA, SALOME.
Wenn man sich all's, wenn man sich all's,

TITUS.
Wenn man sich all's,
Wenn man sich all's,

25 ALLE DREI.
Gleich zu Herzen,
Wenn man sich alles z' Herzen nimmt!
Wenn nur frohe Hoffnung glimmt,
Endigt alles gut bestimmt,
30 Ta, ta, ta, dum, dum, dum.

FLORA, SALOME.
  's lasst sich drüber nix sag'n
  Mit ein' orndlichen Mag'n,
TITUS.
  Mit ein orndlichen Mag'n –
ALLE DREI.
  Man kann alles ertrag'n,
  Kann man alles ertrag'n.

(Flora rechts, Titus hinter dem Schloss und Salome links gegen den Hintergrund ab.)

    Verwandlung

Gartensaal im Schlosse mit Bogen und Glastüren im Hintergrunde, welche die Aussicht auf eine Terrasse und den mondbeleuchteten Garten eröffnen, rechts und links eine Seitentür. Lichter auf den Tischen zu beiden Seiten.

    Zwölfte Szene

Constantia allein, aus der Seitentüre rechts.

CONSTANTIA. Wer hätte dem Friseur das zugetraut! Mit einem stolz hingeworfenen: »Adieu, Madame!« hat er sich für immer losgesagt von mir! Eine gewöhnliche Witwe könnte das außer Fassung bringen, mich, Gott sei Dank, kostet es nur einen Blick, und ein anderer Bräutigam, Monsieur Titus, liegt zu meinen Füßen. Wenn nur die gnädige Frau, die sich so gütig der Sache annimmt, den alten Spießbürger schon herumgekriegt hätte, dass er Titus als seinen Erben erklärt!

Dreizehnte Szene

Constantia. Frau von Cypressenburg.

FRAU VON CYPRESSENBURG *(aus der Seitentüre links kommend)*. Constanze –

CONSTANTIA *(ihr entgegeneilend)*. Euer Gnaden!

FRAU VON CYPRESSENBURG. Es geht nicht!

CONSTANTIA. Wär's möglich?

FRAU VON CYPRESSENBURG. Ich habe mich eine halbe Stunde abgequält mit dem Manne, aber seine lederne, wasserdichte Seele ist undurchdringlich für den Tau der Beredsamkeit. Er will ihn etablieren, weiter nichts, auf Erbschaft hat er keine Hoffnung.

CONSTANTIA. Hm! Sehr fatal! Ich glaubte, es würde so leicht gehen, habe schon den Notarius Falk, der heraußen seine Sommerwohnung hat, rufen lassen – versuchen wir es noch mal, gnädige Frau, setzen wir ihm beide zu!

FRAU VON CYPRESSENBURG. Wenn du glaubst! Ich habe dich heute aus Übereilung sehr ungerecht behandelt und will das durch wahre mütterliche Sorgfalt wiedergutmachen.

CONSTANTIA *(ihr die Hand küssend)*. Sie sind so überaus gnädig –

FRAU VON CYPRESSENBURG *(indem sie, von Constantia begleitet, in die Seitentüre links abgeht)*. Ich habe aber we-

nig Hoffnung. Es müsste nur sein, dass das Wiedersehn
seines Neffen –

CONSTANTIA. Der muss jeden Augenblick hier sein. *(Beide
in die Seitentür links ab.)*

Vierzehnte Szene

*Konrad führt Titus, welcher die graue Perücke aufhat, durch
die Glastür von der Terrasse in den Saal.*

TITUS *(im Eintreten).* Aber, so sag Er mir nur –
KONRAD. Ich darf nix sag'n! *(Ihn erstaunt anglotzend.)*
Aber was is denn das? Sie haben ja eine graue Perücken
auf.
TITUS. Geht Ihn das was an? Ich bin herb'stellt, meld Er
mich, und damit Punktum!
KONRAD. Na, gleich, gleich! *(Geht in die Seitentüre links
ab.)*

Fünfzehnte Szene

Titus allein, später Konrad.

TITUS *(allein, aufs Herz deutend).* Es wird mir a bissl an
Stich da geben, wenn ich die Constantia sehe. Ach, nur
dran denken, wie sie g'sagt hat: »Ach, wie abscheulich
sieht er aus!« So eine Erinnerung is ein Universalmittel
gegen alte Bremsler. Sie soll Kammerfrau bleiben, wo sie
will, meine Herzenskammern, die bezieht sie nicht

mehr, die verlass ich an einen ledigen Jungg'sellen, und
der heißt: »Weiberhass!«

KONRAD *(tritt ein).*

TITUS *(zu ihm).* Hat Er mich angemeldet?

5 KONRAD. Nein, die gnädige Frau diskuriert, und da darf
man sie nicht unterbrechen.

TITUS. Aber ich bin ja –

KONRAD. Keine Ungeduld! Wart der Herr da, oder – *(nach
rechts deutend)* in dem Zimmer drin. In einiger Zeit werd
10 ich sehn, ob es Zeit sein wird, Ihn zu melden. *(Rechts ab.)*

Sechzehnte Szene

Titus allein.

TITUS. Fahr ab, du bordierte Befehlerfüllungsmaschine!
Das is auch einer aus der g'wissen Sammlung – das Leben
15 hat eine Sammlung von Erscheinungen, die wahrscheinlich von sehr hohem Wert sind, weil sie den Ungenüg-
samsten zu der genügsamen Äußerung hinreißen: »Da
hab ich schon g'nur!«

Lied

20   1.

's kommt ein' einer ins Zimmer, man fragt, was er will?
»Ich bitt um Unterstützung, hab Unglück g'habt viel;
Such Beschäftigung, doch 's is alles b'setzt überall,
Ich bin kränklich, war jetzt erst zehn Woch'n im
25   Spital!«

Dabei riecht er von Branntwein in aller Fruh –
Na, da hab ich schon g'nur, na, da hab ich schon
g'nur!

2.
»Die G'schicht wird mir z' auffallend schon!« schreit
der Mann.
»Ich weiß nicht, was d' hast«, lispelt d' Frau, »hör
nur an,
Dass der Mensch mir so viel zarte Achtung erweist,
Das g'schieht aus Bewunderung nur für mein' Geist,
Das, was du für Liebe hältst, ist Freundschaft nur!« –
Na, da hab ich schon g'nur, na, da hab ich schon
g'nur!

3.
A Madl hat ein' Burnus mit kirschrote Quasten;
Ich parier, sie hat battistene Wäsch in ihr'm Kasten,
's Kleid is von Asphalt, nach dem neuesten Schnitt;
Drauf kommt s' zu ein' Lackerl, drüber macht s' einen
Schritt,
Bei der G'leg'nheit geht ihr der Rock etwas vur –
Na, da hab ich schon g'nur, na, da hab ich schon
g'nur!

4.
Ich vergaff mi in a Madl, ganz einfach gekleid't,
Ich begehr's von die Eltern, war'n recht rare Leut;
Sie sag'n gleich: »Da hab'n Sie's, 's kann Hochzeit sein
morgen,
Nur müssen Sie uns auch als d' Eltern versorgen,

Die elf G'schwistert, die brauchen S' ins Haus z'
nehmen nur!« –
Na, da hab ich schon g'nur, na, da hab ich schon
g'nur!

5.

Vor mir red'n zwei Fräul'n, war a g'spaßigs Gewäsch,
Ich hör: »Oui« und »Peut-être« – 's war richtig
Französch:
»Allez vous aujourd'hui au théâtre, Marie?«
»Nous allons«, sagt die andre, »au quatrième galerie,
J'ai allée avec Mama au théâtre toujours« –
Na, da hab ich schon g'nur, na, da hab ich schon
g'nur!

6.

»Ich geh zum Theater!« hat mir einer g'sagt.
»Als was woll'n S' denn 's erste Mal spiel'n?« hab i
g'fragt.
»Ich spiel gleich den Hamlet, denn ich bin ein Genie.
Gib dann den Don Carlos als zweites Debut.
So wie ich hab'n sie kein' in der Burg, gar ka Spur!« –
Na, da hab ich schon g'nur, na, da hab ich schon g'nur!

(Durch die Seitentür links ab.)

Siebzehnte Szene

Frau von Cypressenburg. Constantia. Dann Titus.

FRAU VON CYPRESSENBURG. Wo er nur so lange bleibt?

CONSTANTIA. Georg sagte mir doch –

TITUS *(aus der Seitentür rechts)*. Meinen Euer Gnaden mich?

FRAU VON CYPRESSENBURG. Ah, da sind Sie ja – Sie werden staunen!

CONSTANTIA *(mit Verwunderung Titus' graue Perücke bemerkend und Frau von Cypressenburg darauf aufmerksam machend)*. Gnädige Frau! Sehen Sie doch –

FRAU VON CYPRESSENBURG. Was ist denn das?

TITUS *(auf seine Perücke deutend)*. Diese alte Katherl war die Einzige, deren ich mich bemächtigen konnte. Ich benütze sie, um die Ihr Nervensystem verletzende Couleur zu verdecken.

FRAU VON CYPRESSENBURG. Hm, so arg ist es nicht, ich bin nur manchmal so kindisch.

TITUS. Kindisch? Diese Eigenschaft sieht Ihnen der schärfste Menschenkenner nicht an.

CONSTANTIA. Rote Haare stehen im Grunde so übel nicht!

TITUS *(erstaunt)*. Das sagen Sie, die noch –?

FRAU VON CYPRESSENBURG. Jetzt legen Sie aber schnell die Perücke ab, denn es wird jemand –

CONSTANTIA *(Spund bemerkend, welcher bereits aus der Seitentür links getreten ist)*. Zu spät, da ist er schon!

FRAU VON CYPRESSENBURG *(zu Spund)*. Hier Ihr Neffe, Herr Spund! *(Geht in die Seitentür links ab.)*

CONSTANTIA *(für sich)*. Jetzt mag er sehen, wie er mit ihm zurechtkommt! *(Folgt der Frau von Cypressenburg.)*

Achtzehnte Szene

Titus. Spund. Später Konrad.

TITUS *(erstaunt)*. Der Herr Vetter! Wie kommen denn Sie daher?

5 SPUND. Auf eine honettere Art als du! Durchgehen is nicht meine Sach!

TITUS. Ja, freilich, wenn man einmal Ihre Dicken hat, dann geht man nicht leicht wo durch!

SPUND. Du Makel der Familie, du! *(Kommt näher auf ihn*
10 *zu und erblickt mit Staunen die grauen Haare.)* Was is denn das!? Graue Haare?

TITUS *(für sich, betroffen)*. O je!

SPUND. Du bist ja rotkopfet?

TITUS *(sich schnell fassend)*. Ich war es.

15 SPUND. Und jetzt?

TITUS. Jetzt bin ich grau.

SPUND. Das is ja nicht möglich –

TITUS. Wirklichkeit is immer das schönste Zeugnis für die Möglichkeit.

20 SPUND. Du bist ja erst sechsundzwanzig Jahr?

TITUS. Ich war es gestern noch! Aber der Kummer, die Kränkung, dass ich, verlassen von meinem einzigen leiblichen Herrn Vettern, als hilfloser Durchgänger in die Welt hab müssen, hat mich um ein Jahrtausend älter ge-
25 macht: Ich bin über Nacht grau geworden.

SPUND *(verblüfft)*. Über Nacht?

TITUS. Schlag sieben bin ich fort von z' Haus, dreiviertel Stund' später schau ich mich in den Spiegel der Unglücklichen, ins Wasser hinein, da war mir, als wenn meine Haa-

re so g'wiss g'sprenglet wären. Ich schieb das auf die
Dämmerung, wähle den Linigraben zur Untertuchet,
deck mich mit die Nachtnebel zu, schlaf ein – Schlag Mit-
ternacht wecken mich zwei Frösch auf, die auf meinem
Halstüchel zu disputieren anfangen, da gibt mir ein Anfall
von Desperation den klugen Einfall, mir einige Hände
voll Haare ausz'reißen – sie waren grau! – Ich schieb das
auf den Silbersichelreflex der Mondscheibe, schlaf weiter.
Auf einmal scheucht mich ein ungeheures Milliweiber-
berg'schnatter auf aus dem tiefsten Linigrabenschlum-
mer – es war heller Morgen, und neben mir macht grad ein
Rastelbinder Toilette, er schaut sich in ein' Glasscherben,
der vielleicht einst ein Spiegel war, ich tu desgleichen, und
ein eisgrauer Kopf, den ich nur an dem beigefügten Gesicht für den meinigen erkenne, starrt mir entgegen.

SPUND. Das wär ja unerhört!

TITUS. O nein, die Geschichte spricht dafür. Da war zum
Beispiel ein gewisser Belisar, von dem haben S' g'wiss
g'hört?

SPUND. Belisar? War das nit ein Bierversilberer?

TITUS. Nein, er war römischer Feldherr. Dem hat seine
Frau durch'n Senat d' Augen auskratzen lassen.

SPUND. Das tun sonst d' Weiber selber.

TITUS. Die hat aber den Kodex Justinianus z' Hilf g'nommen. Das nimmt sich der Mann zu Herzen, und in drei-
mal vierundzwanzig Stund' is er grau! Jetzt denken Sie,
Herr Vetter, das, wozu ein römischer Feldherr drei Täg
hat braucht, das hab ich über Nacht geleistet, und Sie,
Herr Vetter, sind der Grund dieser welthistorischen Begebenheit.

SPUND *(sehr ergriffen)*. Titus, Bub, Blutsverwandter – ich

weiß gar nit, wie mir g'schieht – ich bin der Vetter einer welthistorischen Begebenheit! *(Schluchzend.)* Neunzehn Jahr hab ich net g'weint, und jetzt kommt das Ding völlig schussweis. *(Trocknet sich die Augen.)*

5 TITUS. Is gut, wenn das alte Bier herauskommt!

SPUND *(die Arme ausbreitend)*. Geh her, du eisgrauer Bub! *(Umarmt ihn.)*

TITUS *(ihn ebenfalls umarmend)*. Vetter Spund! *(Prallt plötzlich heftig aus seinen Armen zurück.)*

10 SPUND *(darüber erstaunt)*. Was springst denn weg als wie ein hölzerner Reif?

TITUS *(für sich)*. Bei ein' Haar hätt er mich beim Haarzopfen erwischt. *(Laut.)* Sie haben mich so druckt, mit Ihrem Ring, glaub ich.

15 SPUND. Sei nicht so heiklich! Her da an das Vetterherz! *(Umarmt ihn derb.)*

TITUS *(hält während der Umarmung mit der rechten Hand seinen Zopf in die Höhe, damit er Spund nicht in die Hände kommt)*.

20 SPUND *(ihn loslassend)*. So! – Übrigens, dass ich dich nicht mehr druck mit dem Ring – *(Zieht einen dicken Siegelring etwas mühsam vom Finger.)*

TITUS *(währenddem beiseite)*. Wenn der den Zopfen sieht, so is's aus; denn das glaubet er mir doch nicht, dass mir
25 aus Kränkung ein Zopfen g'wachsen is.

SPUND *(ihm den Ring gebend)*. Da hast du ihn! Du musst wissen, dass ich da bin, um dich als g'machten Mann in die Stadt zurückz'führen, dass ich dir eine prächtige Offizin kauf – dass ich –

30 TITUS *(freudig)*. Herr Vetter!

SPUND. Aber wie du ausschaust, der Rock – ich muss dich

der gnädigen Frau als meinigen Verwandten vorstellen, und dann is noch wer drin –

TITUS (*erschrocken*). Etwan der Friseur? –

SPUND. Friseur? (*Lacht mit tölpischer Schalkhaftigkeit.*) Du Bub, du, stell dich net so! Ich hab schlechte Augen, aber der Person hab ich's recht gut ang'sehn, auf was es abg'sehn is. Wenn nur der Rock –

KONRAD (*tritt aus der Seitentür rechts und will durch die Mitte ab*).

SPUND (*zu Konrad*). O Sie, sei'n S' so gut, haben S' keine Bürsten?

KONRAD. A Bürsten? Ich glaub. (*Sich an die Tasche fühlend.*) Richtig, ich hab s' da im Sack bei mir. (*Gibt Spund die Bürste.*)

SPUND. So, geben S' her! Können schon wieder gehn! (*Konrad zur Mitte ab.*)

SPUND (*zu Titus*). Jetzt geh her, dass ich dich a bissl sauber mach –.

TITUS (*betroffen*). Was wollen S' denn?

SPUND. Drah dich um –!

TITUS (*in großer Verlegenheit*). Sie wer'n doch als Herr Vetter nicht Kleiderputzerdienst' an dem Neffen üben?

SPUND. Ich bedien nicht den Neffen, ich bürst einer Naturerscheinung den Rock aus, ich kehr den Staub ab von einer welthistorischen Begebenheit, das entehrt selbst den Bierversilberer nit! Drah dich um!

TITUS (*in größter Verlegenheit, für sich*). Gott, wann der den Zopfen sieht –! (*Laut.*) Fangen S' vorn an!

SPUND. Is a recht. (*Bürstet an Titus' Kleidern.*)

TITUS (*in höchster Angst, für sich*). Schicksal, gib mir eine Scher, oder ich renn mir ein Messer in den Leib!

SPUND (*etwas tiefer bürstend*). Schrecklich, wie sich der
Bub zug'richt't hat.

TITUS (*für sich*). Is denn keine Rettung? Es muss blitzen!
(*Blickt nach der ihm gegenüberstehenden Seitentür links,
welche sich etwas öffnet und aus welcher nur Constantias
Arm mit einer Schere in der Hand sichtbar wird.*) Ha! Da
blitzt ein blanker Stahl in meine Augen! Die Himmlische zeigt mir eine englische Scher! –

SPUND. Drah dich um, sag ich!

TITUS. Da stellen wir uns herüber! (*Geht, ohne seine Rückseite gegen Spund zu wenden, auf die linke Seite der Bühne, so dass er mit dem Rücken nahe an die Seitentür links
zu stehen kommt.*) Da is die wahre Lichten! (*Langt zurück und nimmt aus Constantias Hand die Schere.*)

SPUND. So drah dich um!

TITUS. Nein, jetzt werden S' vorn noch a Menge Staub bemerken. (*Während Spund noch an den Vorderklappen des
Rockes bürstet, schneidet er sich rasch den Zopf ab.*)

SPUND. Nicht wahr is's! Jetzt umdrahn amal! (*Wendet ihn
herum.*)

TITUS (*zieht während dieser Wendung den abgeschnittenen
Zopf mit der linken Hand vorne über den Kopf herab, so
dass Spund, welcher den Rücken des Rockes ausbürstet,
nichts bemerken kann. Für sich*). Habe Dank, Schicksal,
die Amputation is glücklich vorüber.

SPUND (*indem er bald aufhört zu bürsten*). Schau, Titus, du
bist a guter Kerl, du hast dich kränkt um einen hartherzi-
gen Vettern! Und warum war ich hartherzig? Weil du
rote Haar' hast g'habt! Die hast aber jetzt nicht mehr, es
is also kein Grund mehr vorhanden, ich kann jetzt nit anders, ich muss weichherzig wer'n. Du bist mein einziger

Verwandter, du bist – mit einem Wort, du bist so viel als mein Sohn, du bist mein Universalerb!

TITUS *(erstaunt)*. Was?

Neunzehnte Szene

Frau von Cypressenburg. Notarius Falk. Constantia. Die Vorigen.

FRAU VON CYPRESSENBURG. Universalerbe, das is das rechte Wort, welches wir von Ihrem Herzen erwartet haben.

CONSTANTIA. Wir haben auch gar nicht daran gezweifelt, und zufällig ist der Herr Notarius da, welcher derlei Urkunden immer in Bereitschaft hat.

SPUND. Nur her damit!

NOTARIUS *(zieht eine Schrift hervor und detailliert Spund im Stillen die Hauptpunkte derselben)*.

TITUS *(für sich, mit Beziehung auf Constantia)*. Das geht ja über Hals und Kopf; die betreibt ja meine Erbschaft viel eifriger als ich selber!

FRAU VON CYPRESSENBURG *(zu Titus)*. Sehen Sie, wie das gute Geschöpf *(auf Constantia deutend)* für Ihr Bestes sorgt? Ich weiß alles und willige gern in den Bund, den Liebe schloss und Dankbarkeit befestigen wird.

TITUS *(verneigt sich stumm)*.

SPUND *(zum Notarius)*. Schön, alles in bester Ordnung! *(Man führt Spund zum Tische, worauf Schreibzeug steht, und er setzt sich zum Unterschreiben.)*

TITUS *(für sich)*. Dass er mir ein' Offizin kauft, das kann ich annehmen, er is mein Blutsverwandter! Aber durch einen Betrug sein Universalerb wer'n, das mag ich doch nicht! *(Laut zu Spund, welcher eben die Urkunde unterzeichnen will.)* Halt, Herr Vetter! Erlauben S' –

5 SPUND. Na? Bist etwa noch nicht z'frieden?

Zwanzigste Szene

Flora zur Mitte eintretend. Die Vorigen.

FLORA. Gnädige Frau, ich komm –
FRAU VON CYPRESSENBURG. Zur ungelegenen Zeit!
10 FLORA. Um Rechnung zu legen –
FRAU VON CYPRESSENBURG. Hab ich Ihr nicht gesagt, dass ich Sie wieder behalte?
FLORA. Ja, aber – es ist zwar noch nicht gewiss, aber es könnt vielleicht sein, dass ich in die Stadt heirat – warum
15 soll ich's geheim halten, der Mussi Titus –
FRAU VON CYPRESSENBURG. Was?
CONSTANTIA *(zugleich)*. Impertinent!
SPUND. Wie vielen hast denn du 's Heiraten versprochen in der Desperation?
20 TITUS. Versprochen? Gar keiner.
SPUND. Übrigens, das is Nebensach! Heirat, wen du willst, du bist Universalerb!

Einundzwanzigste Szene

Salome. Die Vorigen.

SALOME *(durch die Mitte hereineilend)*. Mussi Titus! Mussi
 Titus! *(Erschrickt über die Anwesenden, ohne jedoch
 Flora zu bemerken, und bleibt unter der Tür stehen.)*

FRAU VON CYPRESSENBURG, NOTARIUS *und* CONSTAN-
 TIA. Was soll das?

SALOME *(schüchtern)*. Ich bitt um Verzeihn –

FRAU VON CYPRESSENBURG. Was hat die Person hier zu
 suchen?

SALOME. Den Mussi Titus! Die Frau Gartnerin hat g'schafft –

FRAU VON CYPRESSENBURG. Die ist ja hier.

SALOME *(Flora gewahr werdend)*. Richtig! Na, dann kann
 sie's selber sagen.

FRAU VON CYPRESSENBURG. Was denn?

SALOME. Nix! Sie winkt mir ja, dass ich nix sagen soll.

FRAU VON CYPRESSENBURG. Heraus jetzt mit der Sprache!

SALOME. Nein, solang die Frau Gartnerin dort so winkt,
 kann ich nit reden.

FRAU VON CYPRESSENBURG *(zu Flora)*. Das werd ich mir
 verbitten! *(Zu Salome.)* Also, was ist's?

SALOME *(verlegen)*. Die Frau Gartnerin hat dem Plutzerkern g'sagt, und der Plutzerkern hat mir den Auftrag geben –

FRAU VON CYPRESSENBURG *(ungeduldig)*. Was denn?

SALOME. Der Mussi Titus soll die Perücken z'ruckgeben.

FRAU VON CYPRESSENBURG *und* CONSTANTIA *(erschre-
 cken)*.

SPUND. Was für eine Perucken?

TITUS *(die graue Perücke abnehmend)*. Diese da!

SPUND *(erzürnt, als er den Betrug merkt)*. Was wär das? Du Bursch, du –!

5 CONSTANTIA *(für sich)*. Verdammt! Jetzt ist alles verloren!

FRAU VON CYPRESSENBURG *(leise zu Constantia)*. Ruhig! *(Laut zu Titus.)* Sie haben sich einen etwas albernen Scherz mit Ihrem würdigen Herrn Onkel erlaubt! Sie werden aber doch nicht glauben, dass er sich wirklich äffen
10 ließ? Er müsste der dümmste Mensch unter der Sonne sein, wenn er die plumpe Täuschung nicht augenblicklich gemerkt hätte! Aber als Mann von Geist und Verstand –

TITUS. Hat er gleich alles durchschaut und nur mich aufsitzen
15 lassen.

FRAU VON CYPRESSENBURG *(zu Spund)*. Ist's nicht so?

SPUND *(ganz verblüfft)*. Ja, freilich, freilich hab ich alles durchschaut!

FRAU VON CYPRESSENBURG *(zu Titus)*. An Ihnen ist es
20 jetzt, seine Vergebung zu erflehen.

CONSTANTIA *(zu Titus)*. Dass Ihnen der geistreiche Mann der Haare wegen die Erbschaft nicht entziehen wird, dürfen Sie mit Zuversicht hoffen. *(Zu Spund.)* Nicht wahr?

25 SPUND *(wie oben)*. Freilich, freilich!

TITUS *(zu Constantia und Flora)*. Dass ich aber auf die Erbschaft freiwillig Verzicht leiste, das werden Sie nicht hoffen. Mein guter Herr Vetter kauft mir ein G'schäft, mehr verlang ich mir nicht. Dafür werd ich ihm ewig dankbar
30 sein! Erbschaft brauch ich keine, denn ich wünsch, dass er noch a dreihundert Jahr' lebt.

SPUND *(gerührt)*. So alt ist noch kein Bierversilberer wor'n! Bist doch a guter Kerl, trotz die rot'n Haar'!

TITUS *(mit Beziehung auf Flora und Constantia)*. Dass ich nun ohne Erbschaft keine von denen heiraten kann, die die roten Haar' bloß an einem Universalerben verzeih- lich finden, das ergibt sich von selbst. Ich heirat, die dem Titus sein' Titus nicht zum Vorwurf machen kann, die schon auf den rotkopfeten pauvre diable a bissl a Schneid hat g'habt, und das, glaub ich, war bei dieser da der Fall! *(Schließt die erstaunte Salome in die Arme.)*

SALOME. Was –! Der Mussi Titus –?

TITUS. Wird der deinige!

FRAU VON CYPRESSENBURG *(welche still mit Constantia gesprochen, sagt dann laut)*. Adieu! *(Geht unwillig in die Seitentür links ab; der Notarius folgt ihr.)*

CONSTANTIA. Die gnädige Frau wünscht, dass man sie hier nicht ferner störe. *(Folgt ihr.)*

FLORA *(zu Titus, boshaft)*. Ich gratulier zur schönen Wahl. Da heißt's wohl: »Gleich und gleich g'sellt sich gern.« *(Durch die Mitte ab.)*

SPUND *(zu Titus)*. Du tust aber, als wenn ich da gar nix dreinz'reden hätt!

TITUS *(mit Beziehung auf Salome)*. Ich weiß, Herr Vetter, die roten Haar' missfallen Ihnen, sie missfallen fast allge- mein. Warum aber? Weil der Anblick zu ungewöhnlich is; wann's recht viel' gäbet, käm die Sach in Schwung, und dass wir zu dieser Vervielfältigung das Unsrige bei- tragen werden, da kann sich der Herr Vetter verlassen drauf. *(Umarmt Salome.)*

(Während einiger Takte Musik fällt der Vorhang.)

Zu dieser Ausgabe

Der Text folgt der Ausgabe:

Johann Nestroy: Gesammelte Werke. 6 Bde. Hrsg. von Otto Rommel. Bd. 3. Wien: Schroll, 1949. Photostatischer Nachdr. Ebd. 1962. – *Der Talisman:* Bd. 3. S. 417–507.

Die Orthographie wurde nach den gültigen amtlichen Rechtschreibregeln behutsam und unter Wahrung des Lautstands und sprachlichstilistischer Eigenheiten modernisiert. Apostrophe wurden weitgehend getilgt, außer sie sind für das Leseverständnis unentbehrlich. Ansonsten folgt die Zeichensetzung der Druckvorlage. Sperrsatz in der Vorlage wird kursiv wiedergegeben. Die Szenen- und Regieanweisungen wurden vereinheitlicht.

Anmerkungen

[Titel] *Talisman:* unheilbannender, glückbringender Gegenstand; das Wort ist arabischer Herkunft, im 17. Jh. aus dem romanischen Sprachraum übernommen.

5,2 *Titus:* (lat.) der Geehrte; hier nach dem Tituskopf, einer aus Frankreich kommenden Mode, das Haar (nach der Büste des römischen Kaisers Titus) kurz und in Löckchen zu tragen. – *Feuerfuchs:* (pleonastische) Bezeichnung für einen Rothaarigen (und das ihm zugeschriebene Temperament). Vgl. Anm. zu 9,18 *rotkopfete* und 15,17 f. *Florianiköpfel.* – *vazierender:* freier, arbeitsloser. – *Barbiergeselle:* Der Barbier ist eine traditionelle Lustspielfigur; Geselle: im Handwerk Gehilfe nach Abschluss der Lehrzeit.

5,5 *Constantia:* (lat.) die Beständige, Beständigkeit.

5,6 *Flora:* (lat.) Göttin der Blumen. – *Baumscheer:* sprechender Name für die Gärtnerin, vgl. die folgenden Namen.

5,8 *Plutzerkern:* Kürbiskern.

5,9 *Monsieur Marquis:* übersetzt etwa: Herr Markgraf.

5,10 *Spund:* Fassverschluss. – *Bierversilberer:* Versilberer; Verkäufer, Händler; einer, der etwas in Silber, d. h. in Geld umsetzt.

5,19 *Notarius:* (lat.) Schreiber, Sekretär; im juristischen Sprachgebrauch: einer, der die Beurkundung von Rechtsgeschäften besorgt.

5,20 *Salome:* (hebr.) die Friedensreiche. – *Pockerl:* Truthahn (ung. *pujka*).

7,8 *Ritornell:* hier: von den begleitenden Instrumenten gespieltes, refrainartiges Vor-, Zwischen- und Nachspiel bei Liedern und Arien (von ital. *ritornare* ›wiederkehren‹).

7,13 *Nachkirtag:* Nachkirchtag, meist Montag bis Mittwoch nach dem Sonntag des Kirchweihfestes (Jahresfeier der Einweihung der Kirche mit Jahrmarkt und Volksfest).

7,20 *Gegenteil:* hier: Partner beim Tanz.

9,2 *Wildeste:* hier: die Hässlichste, Schlampigste.

9,12 *Brodel's:* trödelt.

9,18 *rotkopfete:* rothaarige. Der seit dem Altertum wiederkehrende Aberglaube von der moralischen Minderwertigkeit der Rothaarigen dient Nestroy zum Ansatz seiner Satire, die sich allgemein gegen jede Art von Vorurteilen und deren Auswirkungen richtet.

10,11 *Stellwagen:* österr. Ausdruck für: Omnibus.

10,21 f. *lassen S' Ihre Gall aus an mir!:* »lassen Sie Ihren Zorn an mir aus!« Die Galle galt seit alters als Sitz des Zorns. Zornigen Menschen »lief die Galle über«.

10,26 *Sekkatur:* Belästigung, Quälerei.

11,9 *ob Er nicht bald springt:* ob Er nicht bald ausgespielt hat.

11,12 *Winterradi:* Winterrettich.

11,14 *G'vatter:* Gevatter, Taufpate, Onkel.

11,15 *rekommandieren:* empfehlen.

12,17 *G'schwufen:* Liebhaber (von ›umherschweifen‹).

13,10 *Kakadu:* hier: zeitgenössischer Spottname für eine Herrenfrisur mit hochgekämmtem Haarschopf.

13,16 *Couleur:* (frz.) Farbe, in übertragenem Sinn auch ›Art‹.

13,19 *Nocken:* Schimpfname für eine dumme oder ungeschickte weibliche Person; urspr. österreichische Mehlspeise, eine Art Knödel (ital. *gnocco*).

14,8 *Chiappa-via-Stiefeln:* etwa: »Auf-und-davon-Stiefel« (ital. *scappavia* ›Durchgehen‹).

15,5 *Lektion:* (Vor-)Lesung, Unterricht, Lernabschnitt.

15,17 *Florianiköpfel:* Der hl. Florian (röm.-kath. Gedenktag: 4. Mai), einer der »vierzehn Nothelfer«, galt als Schutzheiliger bei Feuersgefahr. Hier Erneuerung des Vorurteils, dass von roten Haaren Böses ausgeht (vgl. 1,2: die Scheune, an der die rothaarige Salome die Gänse vorbeitrieb, ist abgebrannt).

15,21 *Rub'n:* Wortspiel mit ›rote Rübe‹ und Rübe als ›Kopf‹.

15,25 f. *Dezidiertes:* Bestimmtes, Entschiedenes.

16,2 *Misanthropisches:* Misanthrop (griech.): Menschenhasser, -feind. Die Figur des Misanthropen regte seit der Antike zu immer neuen Gestaltungen in der europäischen Literatur an (vgl. Shakespeare, Molière, Raimund). Auch im Wiener Volkstheater ist das Motiv des Menschenhasses beliebt. Titus Feuerfuchs spielt mit seinem »eseliert« offenbar auf Karl Meisls *Der Esel des Timon* (1813) an.

16,4 *eseliert:* Wortspiel mit ›Esel‹ und ›isoliert‹; vgl. auch Anm. zu 16,2.

16,14 *Zwangsdarlehen:* Begriff aus dem Wirtschaftsrecht, ähnlich wie Zwangsenteignung, staatlich angeordnete Abgabe.

17,9 *Martini:* Martinstag (11. November), Tag des hl. Martin, Bischof von Tour (4. Jh.). Nach einer Legende soll sich dieser, als man ihm die Bischofswürde antragen wollte, vergeblich bei Gänsen versteckt haben. Darauf gründet sich der Brauch, an diesem Tag eine Gans zu verzehren.

18,2 *Vetters:* hier in der urspr. Bedeutung des Vatersbruders, also Onkels.

18,6 *Kassa:* österr. Form von ›Kasse‹ (ital. *cassa*).

19,1 *Grazien:* Name der drei Huldgöttinnen (von lat. *gratia* ›Gunst, Anmut, Lieblichkeit‹).

19,4 *Bonmots:* (frz.) treffende, geistreiche Wendungen, Witzworte.

19,8 *wattierten:* (mit Watte) gefütterten. – *Kaput:* langer Oberrock (von spätlat. *cappa* ›Mantel mit Kapuze‹).

19,15 *Jodel:* spöttische Bezeichnung für einen Bäckergesellen (vom Personennamen Jodokus).

19,18 *Subjekt:* hier: Gehilfe (des Barbiers), sonst umgangssprachlich für Person (verächtlich); vgl. *schlechtes Subjekt.*

19,20 *Schub:* Ausdruck aus der Rechts- und Polizeisprache; »auf den Schub bringen«: ›zwangsweise entfernen‹.

20,18 *Protektion:* Gönnerschaft, Förderung.

20,21 *Pirutsch:* Kutsche mit zurückklappbarem Verdeck.

21,1 *Teuxelsmensch:* Teufelskerl.

22,26 f. *affiziert:* gereizt, betroffen.

22,31 *schundiger:* schlechter; vgl. ›Schund‹: schlechte Literatur; von ›schinden‹, übertragen für ›quälen, misshandeln‹.

24,12 *Perückenstock:* Perückenständer.

24,16 *Tour:* (frz.) hier: Haarteil, Perücke.

24,18 *Adonis:* schöner Jüngling der griechischen Sage, Geliebter der Aphrodite. – *Rastelbinderbub'n:* Rastelbinder: wandernde Händler mit Rosten/Drahtgeflechten (Rastl).

24,19 *Narziss:* in sein Spiegelbild verliebter Jüngling der griechischen Sage. – *Mythologie:* Gesamtheit der Götter-, Helden- und Dämonensagen.

25,3 *Mussi:* von frz. *Monsieur* ›junger Mann‹; in der Bedeutung unter der Anrede »Herr« stehend.

25,14 *Konkurs:* hier nicht in der gebräuchlichen Bedeutung von ›Zahlungsunfähigkeit, Bankrott‹, sondern von ›Stellenausschreibung‹.

26,5 *Nolens-volens-Leidenschaft:* lat. *nolens volens* ›wollend oder nicht wollend‹; ›wohl oder übel‹.

26,13 *Meine Plan' gehn mir nie aus:* etwa: Aus meinen Plänen wird nie etwas.

27,2 f. *Apportel:* Gegenstand, den der Hund herbeibringen soll; wörtl. ›das Herbeigebrachte‹.

27,20 *desperat:* verzweifelt.

28,7 *Heurigen:* noch nicht jähriger, ›heutiger‹ Wein aus dem Eigenbauausschank des Winzers.

28,13 f. *Amour:* (frz.) Liebschaft.

28,14 *verschandelt:* entstellt, verdorben. *– is zur:* ist (es) aus.

29,6 *Wittib:* veraltet für: Witwe.

29,17 *kirren:* durchdringend schreien, kreischend lachen.

31,11 *Vegetabilien:* pflanzliche Nahrungsmittel.

31,12 *vegetieren:* kümmerlich, kärglich (dahin)leben.

31,13 *Kanzlei:* Schreibstube, Büro.

31,14 *präferanzeln:* Karten spielen, von frz. *préférence* (Trumpffarbe beim Kartenspiel).

31,15 *G'wölb:* Gewürz- bzw. Kolonialwarenladen.

31,16 *Maut:* veraltet für: Zoll(amt).

31,18 *a Roll durchgeht:* eine Bühnenrolle einstudiert.

31,25 *millionärrischer:* Wortbildung Nestroys aus Millionär und Narr.

31,27 *Vegetation:* Pflanzenwuchs.

32,3 *am besten lasst:* am besten passt, steht.

32,20 *brennt sich die Locken:* behandelt die Haare mit der Brennschere, damit sie sich schöner kräuseln.

33,3 *Paraplü:* veraltet für: Regenschirm (frz. *parapluie*).

33,5 *versetzt:* Wortspiel mit ›versetzen‹ in eigentlicher und in der übertragenen Bedeutung ›ins Pfandhaus bringen‹.

33,8 *Zwiefel:* Zwiebel (auch mask.); hier wohl die geläufige scherzhafte Bezeichnung für eine große Taschenuhr.

34,6 *und ich kann 's Bad ausgießen:* redensartliche Wendung, bedeutet etwa: und ich muss es ausbaden, d. h. dafür büßen.

35,24 *Kasten:* Schrank.

35,27 f. *wann man mir eine Ader lasset:* Die Blutentnahme durch Öffnen einer Ader war jahrhundertelang ein häufig angewandter medizinischer Eingriff bei hohem Blutdruck und zur Entgiftung.

36,6 *Reverenz:* Ehrerbietung.

36,27 *fixiert:* fest, unverwandt ansieht.

36,31 *Antichambre:* (frz.) Vorzimmer. – *postieren:* aufstellen.

37,5 *Wie sie kokettiert auf ihn:* Wie sie ihm zu gefallen sucht.

37,15 *rekommandier'n:* vgl. Anm. zu 11,15.

40,8 f. *Etikette:* (frz.) Sitte, Brauch, Förmlichkeit.

40,19 *Atlasband:* Atlas: (arab.) ein Seidengewebe mit hochglänzender Oberfläche.

41,4 *Kompliment:* (frz.) Höflichkeitsbezeigung, Gruß.

41,23 *rangieren:* ordnen.

41,28 *traktiert:* hier: bewirtet.

43,3 f. *praktikablem Eingang:* einer wirklich benutzbaren Tür für Auftritte und Abgänge der Schauspieler, im Gegensatz zu bloß gemalten Kulissentüren und -fenstern.

43,19 *pressant:* dringlich, eilig.

43,26 *rarer:* hier: vortrefflicher.

45,10 *schaffen:* befehlen, bestellen.

45,20 *Kostgeld:* Ausgaben für Nahrung, zusätzlich zum Arbeitslohn.

45,22 *pikiert:* (leicht) beleidigt, verstimmt.

45,24 *Räsonier:* räsonieren: umgangssprachlich für ›schimpfen‹.

46,4 f. *Blumasch':* Wortbildung Nestroys (möglicherweise Parallelbildung zu frz. *plumage* ›Gefieder‹), bedeutet etwa ›Blumenstrauß‹; Plutzerkern spielt auf Titus' Absicht an, mit der Kammerfrau anzubändeln und mit den Blumen bei der gnädigen Frau einen guten Eindruck zu machen.

46,12 *ausdruckslos:* hier: nicht zu beschreiben.

46,14 *Fasanbiegel:* Biegel, ein (Bein-)Stück von gebratenem Geflügel, dann auch allgemein ein Stück vom Geflügel.

46,20 *letzte Ehr:* Die letzte Ehre erweist man jemandem, wenn man zu dessen Begräbnis geht.

46,27 *Kondition:* veraltet für: Stelle, Dienst.

47,16 *Anpumpt!:* Angeschmiert!; von ›anpummen‹: übel ankommen.

47,17 *Pack Er sich zum Guckguck!:* ›Kuckuck‹ ist seit dem 16. Jh. verhüllender Ausdruck für ›Teufel‹.

47,21 *pikant:* hier: anzüglich.

48,7 *Jägerlivree:* Livrée: (frz.) Dienerkleidung; Jäger: hier: Bedienter, der hinten auf dem (Jagd-)Wagen sitzt.

48,8 *offeriert:* bietet an.

48,16 *Tokayer:* ungarischer Süßwein (nach der Stadt Tokaj).

48,20 *Exterieur:* (frz.) Äußeres.

49,3 *Hirschfänger:* größeres Messer des Jägers, mit dem er dem angeschossenen Wild ›den Fang gibt‹, d. h. es absticht.

49,4 *Krampen:* Spitzhacke, Pickel; wie die Schaufel Werkzeug des einfachen Arbeiters.

49,26 *hinüberchangiert:* veraltet für: hinübergewechselt.

50,7 *metaphysischen:* hier: übernatürlichen, über die körperlichen Dinge hinausgehenden.

50,7 f. *Galanterien:* Höflichkeiten.

51,26 *wild:* vgl. Anm. zu 9,2.

53,1 *dalkets:* läppisches, dummes, ungeschicktes.

53,18 *ausg'macht:* gescholten.

54,21 *plauscht:* (aus)plaudert, schwätzt.

54,26 *antichambrischen:* ins Vorzimmer gehörenden.

56,26 f. *Domestiken:* Dienstboten.

57,7 *À-l'enfant-Perücke:* à l'enfant: (frz.) nach Art der Kinder; Perücke mit kleinen, wirren Löckchen.

57,8 *Kabinett:* kleineres Zimmer, Nebenraum.

57,14 *Perruquier:* (frz.) Perückenmacher.

57,15 *Ja, das ist ein anderes Korn!:* Sprichwort, bedeutet hier etwa: Ja, das ändert die Lage!

57,29 *Kammeralistin:* wortschöpferische Variation zu ›Kammerfrau‹.

59,21 *Spaletladen:* hölzerner Fensterladen, meist innen angebracht.

60,12 *Bussi:* Verkleinerungsform zu ›Büss‹, Kinderwort für ›Kuss‹.

61,5 *derangiert:* zerzaust, verwirrt. – *Krawattl:* Halsbinde, Vorläufer der Krawatte. – *verschloffen:* versteckt, weggerutscht.

61,11 *Othellischer:* Anspielung auf die Eifersucht des Titelhelden in

Shakespeares *Othello,* auf dem Wiener Volkstheater auch bekannt durch Ferdinand Kringsteiners Posse *Othello, der Mohr von Wien* (1806).

61,12 *Pomadiges:* mit Pomade (frz., duftendes Haarfett) eingeschmiertes.

61,18 *Kampelritter:* scherzhafte Bezeichnung für ›Friseur‹ (»Kampel« hier in der Bedeutung von ›Kamm‹).

61,27 *autorisiert:* (vom Urheber, einzig) berechtigt.

62,5 *altfränkischen:* veraltet für: altmodischen, biederen.

62,8 *martialischer:* kriegerischer, grimmiger, verwegener; vom römischen Kriegsgott Mars abgeleitet.

62,27 *artiger:* hier: hübscher. – *Blondin:* (frz.) männliche Form zu ›Blondine‹.

63,11 *lichte:* helle, hier Wortspiel mit »Dunkelheit«.

64,8 *Tournüre:* (frz.) Körperhaltung, Gestalt.

64,8 f. *agreable Fasson:* (frz.) angenehme Art.

64,19 *Verweser:* Stellvertreter, Verwalter eines Amtes oder Landes; Wortspiel mit der Doppelbedeutung von verwesen: ›jemandes Stelle vertreten‹ und ›verfallen, vergehen‹.

64,27 *Patzenferl:* Stock des Lehrers; Patzen: Schläge; Ferl: von lat. *ferula* ›Rute‹.

64,30 *Mille-fleurs-Bildung:* Eau de Mille fleurs (frz., Tausendblumenbouquet), ein Parfüm, für dessen Herstellung viele Bestandteile nötig sind. Dieser Art ist die Bildung Titus'.

65,10 *apollverwandtes:* Apollon, griechischer Gott des Lichtes, der Dichtkunst und der Musik; er wird als blonder Jüngling dargestellt.

65,21 *Kopist:* (Ab-)Schreiber. – *Konsulent:* veraltet für: Berater.

65,31 *Horreur:* (frz.) Abscheu, Entsetzen, Schrecken.

66,20 *Tandelmarkt:* Trödelmarkt, auf dem alte, gebrauchte Sachen verkauft werden.

67,10 f. *reprimandieren:* tadeln.

68,1 *eigene Augen:* hier: seltsame, eigenartige Augen.

68,27 *Toilette:* (frz.) hier veraltet für: Kleid, Kleidung.

69,9 *Insolente:* anmaßende, unverschämte.

69,24 *fermes:* förmliches, festes. – *Liaisonverhältnis:* frz. *liaison* ›(Liebes-)Verhältnis, Verbindung, Bekanntschaft‹; übertreibende Verdoppelung (Tautologie).

69,27 *Den dank ich ab:* Den entlasse ich (mit Dank); ironisch gebraucht.

70,5 *Sentiment:* (frz.) Gefühl, Empfindung, Meinung.

70,11 *Impertinent!:* (frz.) Unverschämt! Frech!

71,2 *vorzurupfen:* vorzuwerfen; Wortspiel im Zusammenhang mit ›Gans‹.

71,17 *weitschichtige:* weitläufig verwandte.

71,25 *Konservatorium:* eigtl. Musikschule, hier aber nur spielerische Variante zu »Konservierung«.

71,27 *Toilette:* hier: Ankleiden.

72,21 *Gefrornen:* Gefroren: Eis.

72,23 *in Karriere:* hier: in schnellem Lauf.

73,1 *hektisch:* fieberhaft, aufgeregt. – *homöopathisch:* sinnverwandt für (natur-)heilkundliche Behandlung reif, fällig.

73,3 *flanellene:* aus Flanell, einem aufgerauten, daher wärmeren Stoff. – *Nachtleib'ln:* Nachthemden, Bettjacken.

73,4 *wattierten Kaput:* vgl. Anm. zu 19,8.

73,16 *Brühl:* urspr. zwei Dörfer (Vorder- und Hinterbrühl bei Mödling) in einem Erholungsgebiet in der Umgebung Wiens (Wienerwald), dann überhaupt die Umgebung bezeichnend.

73,19 *Sphärenharmonie:* Harmonie der Himmelskugel, übertragen: Sphärenmusik, -harmonie; Ausdruck höchster ästhetischer Wirkung.

73,20 *Schnackerl:* Schluckauf, Schluchzen.

73,23 *hin wor'n:* gestorben; Nestroy übernimmt hier eine alte Vorstellung, dass die Nachtigall, die im Gesang besiegt wird, vor Kummer stirbt.

73,24 *Häfen:* Töpfe.

73,25 *Schneid:* hier: Schärfe, Sauerkeit.

73,26 *Plutzerbier:* Bier in einer (kürbisförmigen) Steingutflasche. Bier galt damals als Luxusgetränk.

73,27 *frett't:* fretten: plagen, mühen, sich kümmerlich am Leben erhalten.

74,3 *adrett:* nett, hübsch, sauber.

74,6 f. *hebt … a Ehr … auf:* legt Ehre ein, gewinnt Ansehen.

74,9 *Spektakl:* umgangssprachlich für: Krach, Lärm; veraltet für: Schauspiel.

74,10 *Lackl:* Schimpfwort für einen groben Menschen (vermutl. von ›Lakai‹).

74,11 *Löllaps:* Laffe, Narr, einfältiger Mensch.

74,14 *Partien:* Heiratsmöglichkeiten.

74,17 *Schanzel:* ehemaliger Obstmarkt am Donaukanal (an der Stelle einer alten Schanze).

74,19 *Dritten Kaffeehaus:* befand sich in der Hauptallee des Wiener Praters.

74,26 *erfragt:* erhalten.

74,27 *Nach der Klafter:* Redensart; sinnverwandt mit: ausgiebig, im Großen (Klafter: Längen-, Raummaß, bes. für Holz).

75,12 *Soiree:* (frz.) Abendgesellschaft.

75,13 *Musen:* die neun griechischen Göttinnen der Künste und Wissenschaften.

76,13 *Memoiren:* Lebenserinnerungen, Denkwürdigkeiten.

76,22 *Posse:* verkürzt aus *Possenspiel,* meist ein derbkomisches Bühnenstück, Schwank.

76,29 *effektuiert:* wirkt.

77,1 *G'spaß:* Späße, Witze, komische Einfälle.

77,3 *Lebensbild:* eine neue, zum ersten Mal von Friedrich Kaiser auf das Wiener Volkstheater gebrachte dramatische Gattung.

77,12 f. *Ordinariseelerln:* gewöhnliche (ordinäre) Seelen.

77,13 *Fazinetteln:* Schnupf-, Taschentücher.

79,12 *Fi donc!:* (frz.) Pfui!

79,22 *Das ist Ottokars Glück und Ende!:* Anspielung auf Grillparzers Drama *König Ottokars Glück und Ende* (1825 im Wiener Burgtheater uraufgeführt).

79,26 *affektiert:* hier: spielt vor, erkünstelt.

80,7 f. *assekuranzlos:* veraltet für: ohne Versicherung.

80,9 *Aktivstand:* Stand der Einnahmen im Gegensatz zu den Schulden (Passivstand).

80,17 *aushienzendes:* verhöhnendes, verspottendes.

81,11 *heidipritsch:* fort, auf und davon (von tschech. *pry* ›fort‹).

81,25 *honetten:* ehrenhaften, anständigen.

82,6 *Visit:* (frz.) veraltet für: Besuch.

83,4 *Vettern:* früher Bezeichnung für alle männlichen (Bluts-)Verwandten; hier ist ›Neffe‹ gemeint, vgl. 85,7.

83,10 *Freundschaft:* hier und im Folgenden im Sinn von ›Verwandtschaft‹ zu verstehen.

83,22 *kuriose:* merkwürdige, wunderliche, spaßige.

83,24 *Godl:* Tauf- oder Firmpate.

83,29 *steht ... ab:* stirbt. – *kalten Fieber:* veraltet für: Malaria (Sumpffieber), auch allgemein für: Krankheit, vgl. 83,31 *hitzigen Fieber.*

83,31 *schnappt ... auf:* umgangssprachlich für: stirbt. – *Mahm:* Muhme, Tante.

84,16 *Gusto:* (ital.) Geschmack.

84,22 *Offizin:* österr. für: Barbierladen, sonst: Apotheke.

85,7 *Neveu:* (frz.) Neffe.

85,8 *parier:* hier: wette.

85,15 *agitiert:* erregt.

85,15 f. *Leuchter, voran!:* boshafte Anspielung auf Salomes rote Haare.

85,26 f. *Abschiedssouper:* frz. *souper:* aufwendiges Abendessen.

86,16 f. *ein Haar g'funden:* etwas auszusetzen (vgl. die Redensart »ein Haar in der Suppe finden«).

87,4 *Faden:* hier bildlich für: Geld.

87,11 f. *okzidentalische Frage:* etwa: abendliches Problem; Anspielung auf das damals aufkommende Schlagwort »Frage«.

87,19 *frappiert:* überrascht, befremdet.

88,9 *tentieren:* österr. für: versuchen, beabsichtigen.

88,26 *changieren:* vgl. Anm. zu 49,26.

89,13 *Schaben:* urspr. Motten, später auch für andere schädliche Insekten gebraucht.

90,5 *Filou:* (frz.) Spitzbube, Betrüger.

90,21 *umstecken:* sich umstellen, einlenken.

91,1 *Quodlibet:* (lat.) wörtl.: was beliebt; Zusammenstellung beliebter Musikstücke, Potpourri. Das Quodlibet, von Nestroy in den Komödien oft verwendet, dient der Opernparodie, ermöglicht musikalisch-mimisches Geschehen und bietet einen Ruhe- und Sammelpunkt in der Handlung. – Im Folgenden unterlegt Nestroy den

Text mit Melodien aus Opern von Mozart, Bellini, Rossini, Meyerbeer, aus Singspiel (Adolf Müller) und Volkslied.

91,18 *schmafu:* schuftig, schmählich (von frz. *je m'en fous* ›ich pfeif drauf!‹).

92,14 *magerlt:* ärgert, kränkt.

92,22 *Gall:* vgl. Anm. zu 10,21 f.

94,3 *dasi:* hier: schwindlig, nicht richtig im Kopf.

94,8 *Malheur:* (frz.) Unglück, Pech.

96,29 *Rosomi:* Verstand (von tschech. *rozumí* ›verstehst du?‹).

97,1 *doni:* hinweg, fort.

97,5 *Kuraschiert:* beherzt, mutig.

99,13 *etablieren:* einrichten, ausstatten, selbständig machen.

99,15 *fatal:* verhängnisvoll, peinlich.

100,22 *Bremsler:* nervöses Zucken.

101,1 *verlass:* hier: vermiete.

101,5 *diskuriert:* veraltet für: plaudert, unterhält sich.

102,15 *Burnus:* (arab.) (weißer) Mantel mit Kapuze. – *Quasten:* Büschel von zusammengeknoteten (Seiden-)Fäden als Verzierung.

102,16 *parier:* vgl. Anm. zu 85,8. – *battistene:* aus Batist, einem feinen, leichten Stoff.

102,17 *Asphalt:* Die Bedeutung hier konnte nicht ermittelt werden.

102,18 *Lackerl:* kleine Lache, Pfütze (von ital. *lacuma*).

102,25 *rare:* vgl. Anm. zu 43,25.

103,7 *Oui … Peut-être:* (frz.) Ja … Vielleicht.

103,9 *Allez vous aujourd'hui au théâtre, Marie?:* (frz.) Gehen Sie heute ins Theater, Marie?

103,10 f. *Nous allons … au théâtre toujours:* (frz.) Wir gehen auf den vierten Rang, ich bin immer mit Mama ins Theater gegangen.

103,19 *Debut:* (frz.) erstes Auftreten.

103,20 *Burg:* Burgtheater in Wien; seit 1741 in der Hofburg, ab 1888 im neuen Bau am Ring.

104,12 *Katherl:* Käthchen, hier: Perücke.

105,5 *honettere:* vgl. Anm. zu 81,25.

105,9 *Makel:* Schandfleck, Fehler.

106,2 *Linigraben:* Die vierunddreißig Vorstädte Wiens waren durch die sog. *Linie* (heute: Gürtel) eingeschlossen, die aus Wall und

Graben bestand. Sie wurde 1703 gegen die Überfälle ungarischer Rebellen gebaut.

106,5 *disputieren:* ein Streitgespräch führen.

106,6 *Desperation:* vgl. Anm. zu 27,20.

106,9 f. *Milliweiberg'schnatter:* Milchweibergeschwätz.

106,12 *Rastelbinder:* vgl. Anm. zu 24,18.

106,18 *Belisar:* Feldherr des byzantinischen Kaisers Justinian I. (482–565); die Sage von seiner Blendung ist historisch nicht bezeugt. Sie ist hauptsächlich durch ein Trauerspiel *Belisar* (1826) von Eduard von Schenk und durch die Oper *Belisario* von Gaetano Donizetti (1836) bekannt geworden.

106,22 *Senat:* Rat (der Alten) im antiken Rom, Stadtrat.

106,24 *Kodex Justinianus:* Gesetzessammlung des römischen Zivilrechts, von Kaiser Justinian I. veranlasst.

109,3 *Es muss blitzen!:* Anspielung auf eine Szene (v,4) in August von Kotzebues *Johanna von Montfaucon* (1800), ein damals sehr populäres Stück.

109,8 *englische Scher:* Schere aus England; Wortspiel mit »Himmlische«.

109,13 *Lichten:* Erleuchtung, Rettung.

110,2 *Universalerb:* Gesamterbe, alleiniger Erbe.

110,14 *detailliert:* legt dar, erklärt im Einzelnen.

112,11 *g'schafft:* vgl. Anm. zu 45,10.

113,9 *äffen:* hier: täuschen.

114,8 *pauvre diable:* (frz.) armer Teufel.

Literaturhinweise

Ausgaben (Auswahl)

Der Talisman. Posse mit Gesang in drei Acten. Mit einem allegorischen illuminirten Bilde. Wien: J. B. Wallishausser, 1843. [Erstdruck.]

Der Talisman. Posse mit Gesang in drei Akten von Johann Nestroy. In: Gesammelte Werke. Hrsg. von Vinzenz Chiavacci und Ludwig Ganghofer. Bd. 2. Stuttgart: Bonz, 1890. S. 67–124.

Der Talisman. Posse mit Gesang in drei Akten. In: Sämtliche Werke. Hrsg. von Otto Rommel und Fritz Brukner unter Mitw. von Anton Hoffmann. Bd. 10: Die Possen. Zweiter Teil. Wien: Verlag Anton Schroll & Co., 1927. S. 383–493.

Der Talisman. Hrsg. von Franz H. Mautner. Paderborn: Schöningh, 1959.

Der Talisman. Posse mit Gesang in 3 Aufzügen. Hrsg. von Gustav Pichler. Wien: Bergland-Verlag, 1961.

Der Talisman. In: Werke. Ausgew. und mit einem Nachw. vers. von Oskar Maurus Fontana. München: Winkler, 1962. S. 243–325.

Der Talisman. In: Ausgewählte Werke. Eingel. und hrsg. von Hans Weigel. Gütersloh: Mohn, 1962. S. 195–278.

Der Talisman. Posse mit Gesang in drei Acten. Text und Materialien zur Interpretation besorgt von Helmut Herles. Berlin et al.: de Gruyter, 1971.

Der Talisman. Mit ergänzenden Texten zum Wiener Volkstheater und zur gesellschaftlichen Wirklichkeit im Österreich der Restauration. Hrsg. von Christl Stumpf. Frankfurt a. M. [u. a.]: Diesterweg, 1977.

Sämtliche Werke. Historisch-kritische Ausgabe. Hrsg. von Jürgen Hein. Stücke 17/1: Der Talisman. Hrsg. von J. H. und Peter Haida. Wien: Jugend und Volk, 1993. [Zit. als: HKA.]

Forschungsliteratur (Auswahl)

Cersowsky, Peter: Johann Nestroy oder Nix als philosophische Mussenzen. Eine Einführung. München 1992.

Doering, Susan: Der wienerische Europäer. Johann Nestroy und die Vorlagen seiner Stücke. München 1992.

Greiner, Bernhard: Die Komödie. Eine theatralische Sendung: Grundlagen und Interpretation. Tübingen 1992.

Hein, Jürgen: Johann Nestroy. Stuttgart 1990.

– Kommentierungsprobleme von Zensurmanuskripten am Beispiel von Johann Nestroys *Der Talisman*. In: Kommentierungsverfahren und Kommentarformen. Hrsg. von Gunter Martens. Tübingen 1993, S. 47–54.

– Das Wiener Volkstheater. Darmstadt 1997.

– Gefesselte Komik und entfesselte Lachlust. Ferdinand Raimund und Johann Nestroy. In: Raimund – Nestroy – Grillparzer. Witz und Lebensangst. Hrsg. von Ilija Dürhammer und Pia Janke. Wien 2001. S. 31–48.

Herles, Helmut: Nestroys Komödie *Der Talisman*. Von der ersten Notiz zum vollendeten Werk. Mit bisher unveröffentlichten Handschriften. München 1974.

Klotz, Volker: Bürgerliches Lachtheater. Komödie – Posse – Schwank – Operette. 4., aktual. und erw. Aufl. Heidelberg 2007.

Mautner, Franz H.: Johann Nestroy. *Der Talisman*. In: Das deutsche Drama vom Barock bis zur Gegenwart. Interpretationen. Hrsg. von Benno von Wiese. Bd. 2. Düsseldorf 1958. S. 23–42.

– Nestroy. Heidelberg 1974.

Obermaier, Walter: »... dann geht das maschinenmäßige Werckstatt-Leben fort«. Nestroys literarische Arbeitsbedingungen als Autor des Wiener Vorstadttheaters. In: Johann Nepomuk Nestroy. Tradizione e trasgressione. Hrsg. von Gabriella Rovagnati. Mailand 2002. S. 123–144.

Piok, Maria: Sprachsatire in Nestroys Vaudeville-Bearbeitungen. Innsbruck 2017.

Rommel, Otto: Johann Nestroy. Der Satiriker auf der Altwiener Komödienbühne. Wien 1948.

Scheichl, Sigurd Paul: Hochdeutsch – Wienerisch – Nestroy. Nestroy und das sprachliche Potential seines Wien. In: Vom schaffenden zum edierten Nestroy. Beiträge zum Nestroy-Symposium im Rahmen der Wiener Vorlesungen 28.–29. Oktober 1992. Hrsg. von W. Edgar Yates. Wien 1994. S. 69–82.

– Flora Baumscheer oder: Was ist das eigentliche satirische Objekt Nestroys? In: Johann Nepomuk Nestroy. Tradizione e trasgressione. Hrsg. von Gabriella Rovagnati. Mailand 2002. S. 95–108.

Stumpf, Christl: Johann Nestroy. *Der Talisman.* In: »Kleine Leute«. Ideologiekritische Analysen zu Nestroy, Weerth und Fallada. Hrsg. von Jürgen-Wolfgang Goette, Dieter Mayer und C. S. Frankfurt a. M. [u. a.] 1979. S. 5–26.

Yates, W. Edgar: An Object of Nestroy's Satire: Friedrich Kaiser and the »Lebensbild«. In: Renaissance and Modern Studies 22 (1987) S. 45–62.

– So schreiben Sie eine traurige Posse. Ein Zitat im *Talisman* als Scherz für Eingeweihte. In: Nestroyana 11 (1991) H. 3–4. S. 84–85.

– »Bin Dichter nur der Posse«: Johann Nepomuk Nestroy. Versuch einer Biographie. Wien 2012.

Nachwort

Im Jahr 1840 unternahm der Wiener Theaterdirektor Carl Carl eine Erkundungsreise nach Paris, wo er, so vermutet man, eine interessante Entdeckung machte: Er stöberte wahrscheinlich dort die Vaudeville-Komödie *Bonaventure* von Charles Désiré Dupeuty und Frédéric de Courcy auf, die am 23. Juni 1840 im Pariser Théâtre du Vaudeville uraufgeführt worden war. Den Text dürfte er seinem besten Mann, dem Bühnenautor und -star Johann Nestroy mitgebracht haben. Dieser wandelte das Stück innerhalb weniger Monate zu einer Wiener Posse um, die am 16. Dezember 1840 im Theater an der Wien zum ersten Mal gegeben wurde. Auf dem Theaterzettel zur Uraufführung des *Talisman* heißt es dazu lapidar: »Die Handlung ist theilweise einem französischen Sujet nachgebildet.« Tatsächlich aber verdankte der Wiener Dramatiker seinen französischen Berufskollegen nicht nur das Thema, sondern auch Handlungsverlauf, Figurenkonstellation und Dialogpartien, die er in sehr enger Anlehnung an den Prätext adaptiert hatte (vgl. HKA, S. 95).

Dass man auf diesem Wege zu einem ›eigenen‹ Stück gelangte, war an kommerziellen Theatern wie den Wiener Vorstadtbühnen, die von den Einnahmen aus dem Kartenverkauf leben mussten, nicht weiter ungewöhnlich: Unter Zeitdruck und der ständigen Forderung des Publikums nach ›Novitäten‹ leidend, waren die zeitgemäßen Pariser Unterhaltungskomödien den Autoren ein willkommenes Material für Übersetzungen und Bearbeitungen (vgl. Obermaier 2002, S. 123–144). Mitunter wurden dabei sogar dieselben Texte mehrmals herangezogen: Das Theater in der

Josefstadt etwa brachte genau einen Monat nach der Uraufführung des *Talisman* Josef Kupelwiesers *Roth, braun und blond, oder Die drei Wittfrauen* auf die Bühne – eine Version von *Bonaventure*, die im Gegensatz zum *Talisman* heute ebenso vergessen ist wie die gemeinsame französische Vorlage (vgl. Herles 1974, S. 181–195).

Nicht ungewöhnlich war auch Nestroys Vorgangsweise bei der Adaption (vgl. HKA, S. 188–235): Wie üblich fertigte er eine stichwortartige ›Aneignungsskizze‹ an, die er dann zu einem ›Szenarium‹ ausbaute, indem er auf der linken Blattseite den Handlungsablauf, rechts Formulierungsideen für die Dialoge und Lieder notierte. In weiteren Entwürfen arbeitete er dann sowohl die Sprech- als auch die Gesangstexte aus, die an den Komponisten Adolf Müller senior weitergegeben werden mussten. So wurde schrittweise aus der Pariser eine Wiener Komödie: Nestroy ergänzte Elemente des in der Wiener Tradition verankerten Sing- und Zauberspiels, strich die vielen kurzen Vaudeville-Lieder und fügte längere, possentypische Couplets und das Quodlibet ein. Änderungen im Stückpersonal waren vor allem der Anpassung an das zur Verfügung stehende Schauspielerensemble geschuldet: So brauchte er etwa eine komische Rolle für den Theaterdirektor Carl, weshalb er ihm die Figur des ebenso geizigen wie dummen Bierversilberers Spund auf den Leib schrieb. Die Hauptrolle behielt sich Nestroy wie immer selbst vor, wobei er darauf achtete, dass seine herausragenden schauspielerischen Fähigkeiten, etwa jene des Schnellsprechens von komplizierten Sätzen, bestmöglich zur Geltung kommen konnten. Alles typisch Französische, etwa Orte oder politische Anspielungen, ließ Nestroy bereits in seinen ersten Notizen unberücksichtigt, nicht jedoch den kritischen Impetus des Stücks – vielmehr verschärfte er in seiner Fassung sowohl die Auseinandersetzung mit allgemein menschlichen Schwächen als auch mit Problemen seiner Zeit.

Erinnerte der Titel das zeitgenössische Publikum noch an die Feenmärchen des Alt-Wiener Volkstheaters, wurde es sehr bald mit einem Glücksbringer sehr profaner Natur konfrontiert (vgl. Klotz 2007, S. 54–57): Nicht Magie wie in den Zauberpossen, sondern eine gewöhnliche Perücke, zumal aus der Hand eines allzu menschlichen Friseurs, bewahrt Titus Feuerfuchs vor den Anfeindungen seiner Mitmenschen. Geschickte Täuschungsmanöver lassen ihn zumindest vorübergehend vom geächteten Außenseiter zum umworbenen Aufsteiger werden. Soziale Ausgrenzung – bei Nestroy schon in der Auftaktszene auf dem Dorfplatz, die keine Entsprechung in der Vorlage hat, akzentuiert – wird dabei ebenso zum Gegenstand der Kritik wie die Dummheit derer, die sich von Titus' Hochstapelei blenden lassen. Der Erfolg, der seiner Maskerade beschieden ist, entlarvt den Argwohn gegenüber Rothaarigen als oberflächlich und haltlos: Tatsächlich geben die Gespielinnen unvermittelt ihre Vorurteile auf, sobald sie meinen, von Titus' Gunst profitieren zu könnten. So erweisen sich die Figuren – mit Ausnahme der gutmütigen Salome – als Opportunisten par excellence: Hämisch und eifersüchtig versuchen sie sich gegenseitig zu übervorteilen, wobei es nicht nur um gekränkte Eitelkeiten, sondern vor allem um die pekuniäre Bereicherung geht. Wie so oft bei Nestroy wird auch hier das Thema Geld zum Dreh- und Angelpunkt der Handlung: Die Konfrontation von Arm und Reich ist dabei keinesfalls bloß märchenhaftes Spielelement, sondern viel eher ein konkreter Verweis auf die außerliterarische Wirklichkeit. Wirtschaftskrise und Inflation, Arbeitslosigkeit und Wohnungsknappheit trafen in Österreich in den 1840er Jahren vor allem die unteren Bevölkerungsschichten hart: Titus, der wandernde Barbiergeselle auf der Suche nach Arbeit, ist damit traditionelle Lustspielfigur und gleichzeitig Repräsentant einer realen sozialen Gruppe. Biedermeierlicher Gehorsam ist dabei seine Sache nicht: Dass ihn Hunger und Perspektivlosigkeit zu seinen betrügerischen Aufstiegsversuchen nötigen, sichert ihm aber ebenso wie seine geistige Wendigkeit die Sympathie des Publikums. Als typische Nestroy'sche Zentralfigur kann er außerdem – komisch und böse zugleich – seine Situation reflektieren. Viel fügsamer erscheint seine Mitstreiterin, die arglose Gänsemagd Salome, wenngleich auch sie in ihrem Couplet aus ihrer märchenhaften Rolle heraustritt und reale Begebenheiten besingt: In ihrer Anklage gegen Männerprivilegien klingt das bereits damals diskutierte Thema der Frauenemanzipation an (vgl. Yates 2012, S. 118).

Die Möglichkeiten, soziale und politische Missstände anzuprangern, waren im Metternich'schen System freilich stark begrenzt: Die Zensurbehörde wachte insbesondere in den breitenwirksamen Vorstadttheatern streng darüber, dass auf der Bühne tatsächlich nur der vorab gutgeheißene Text gesprochen wurde. Nestroys Hang zum unerlaubten Extemporieren ist jedoch ebenso bezeugt wie seine Kunst, mit nonverbalen Mitteln Anrüchiges und Verbotenes anzudeuten. Aus heutiger Sicht fällt es daher doppelt schwer, Nestroys Provokation, die in zeitgenössischen Kritiken immer wieder erwähnt wurde, zur Gänze zu erfassen – nicht nur, weil die rigiden Zensurvorschriften zum Teil schwer nachvollziehbar sind, sondern vor allem auch, weil der schriftlich fixierte Text eben nur einen Teil einer Inszenierung ausmacht. Erhalten gebliebene Dokumente geben zumindest Aufschluss darüber, dass Nestroy sowohl Selbstzensur übte, indem er gefährlich erscheinende Bemerkungen bei der schrittweisen Bearbeitung tilgte, als auch die staatlichen Kontrollorgane zu hintergehen versuchte: Im Zensurbuch, das der Behörde zur Genehmigung vorgelegt werden musste, fehlen mehrere Stellen, die wohl für die Aufführung dann wieder in den Text eingefügt wurden. Dies betrifft Berufsbezeichnungen und Schimpfwörter, religiöse und erotische Anspielungen; von »Nahrungssorgen« durfte ebenso wenig die Rede sein wie von »Freiheit« (S. 19), weil damit Nöte der Bevölkerung zu explizit angesprochen worden wären. Sehr heikel war auch die politisch auslegbare Szene, in der Titus den Zopf der Perücke abschneidet – wurde die Restauration doch mitunter abschätzig als »Zopfenzeit« bezeichnet: Um eine Streichung der gesamten Passage zu verhindern, ersetzte man im Zensurbuch das provokante Wort »Zopf« durchwegs durch »Catogan« (vgl. HKA, S. 271–343).

Nestroy lotete also gezielt die Grenzen aus, die ihm durch staatliche Restriktionen auf der einen, durch lokale Traditionen und Publikumserwartungen auf der anderen Seite gesetzt waren (vgl. ebd., S. 184). Seine Texte spiegeln dabei das Bedürfnis nach einer schärferen Auseinandersetzung mit gesellschaftspolitischen Themen des Vormärz, aber auch nach neuen literarischen Formen, die diese zu leisten vermögen. Diese Hinwendung zur Realität bedingt nicht nur eine Abkehr vom Zauberspiel, generell durchbricht Nestroy immer wieder die Possendramaturgie – am augenfälligsten am Schluss, an dem ein schnelles, erzwungen wirkendes Happy End den Konstruktcharakter des komischen Spiels offenlegt. Die glückliche Wendung von Titus' Schicksal bleibt als Zugeständnis an die Komödienkonvention bestehen – wirklich glaubwürdig wirkt das Ende aber nicht mehr.

Ganz explizit reflektiert werden literarische Diskussionen der Zeit in der Szene, in der Nestroy die Mode der literarischen Teegesellschaft karikiert: Nestroy, von Kritikern immer wieder mit dem Vorwurf konfrontiert, unzutreffende Gattungsbezeichnungen zu verwenden, schlägt als Titus Feuerfuchs dem Pseudoliteraten Herrn von Platt vor, eine »traurige Posse« zu schreiben, die in ihrer schlimmsten Ausformung »Lebensbild« genannt werde – ein Seitenhieb auf die Versuche vor allem von Nestroys Kollegen Friedrich Kaiser, ein neues Genre zu etablieren, das Komik mit moralisierend-ernsten Sujets verbindet. Dass Kaiser in späteren Aufführungen des *Talisman* tatsächlich als Herr von Platt auftrat, gibt eine Ahnung davon, mit wie viel unterschiedlichen Spielformen der Parodie man im Wiener Vorstadttheater experimentierte (vgl. Yates 1991, S. 84 f.).

Nestroys parodistische Anspielungen reichen jedoch über die Bezugnahme auf einen bestimmten Text oder Autor hinaus: Die Memoirenautorin Frau von Cypressenburg glaubt in Titus' ausschweifenden Nonsens-Reden seine literarische Begabung zu erkennen – schöne Worte ohne tieferen Gehalt gelten als Literatur, die mehr Zierrat als Aussage ist. Titus selbst weiß um die Bedeutung einer gewählten Ausdrucksweise bei seinem Eintritt in gehobene Kreise: »Ich stehe jetzt einer Schriftstellerin gegenüber, da tun's die Alletagsworte nicht, da heißt's jeder Red ein Feiertagsg'wandel anziehn.« (S. 63) Seine Metapher nimmt hier den leitmotivischen Kleiderwechsel auf – verrät aber gleichzeitig, dass Titus' Maskerade sich nicht allein auf Äußerlichkeiten bezieht: Mehr noch als seine falsche Haarpracht und die getauschten Anzüge ist es seine wandlungsfähige Sprache, die ihm den Weg ins Schloss ebnet. Titus erschwindelt sich die Gunst der anderen, indem er ihnen in elaborierten Formulierungen schmeichelt. Dass seine Sätze umständlich, voller Neologismen und nicht selten blanker Unsinn sind, tut seinem Erfolg keinen Abbruch – im Gegenteil: Sprachliche Manierismen bewähren sich als bestes Mittel zur Manipulation. Dem schwadronierenden Titus steht die ehrliche Salome gegenüber, die in einfachen Worten, dafür aber die Wahrheit spricht – oder aber ein Titus, der im Beiseite ganz anders, viel wienerischer und ganz und gar nicht hochtrabend klingt (vgl. Piok 2017, S. 82–91).

Daraus ergibt sich ein satirisch-komisches Ineinander von unterschiedlichen Sprach- und Stilebenen, das zum besonderen Markenzeichen Nestroys wird: Der Witz seiner Stücke beruht zu einem guten Teil auf einer stilistisch unzulässigen Kombination aus alltagsnaher Umgangs- und gespreizter Standardsprache, aus sprachwirklichem Wienerisch und Literaturzitaten in einem gekünstelten Bühnendeutsch. Möglich war diese Verfahrensweise dank der besonderen sprachsoziologischen Gegebenheiten im Wien des 19. Jahrhunderts (vgl. Scheichl 1994, S. 69–82): Die Standardsprache war damals noch keinesfalls so etabliert wie heute; im Alltag wurde selbst in gehobenen Kreisen eine Wiener Umgangssprache gesprochen, die auch in den Stücken Nestroys die ›normale‹ Sprachschicht ist. Die – stilistisch markierte – Hochsprache hingegen gehört seinen

Hochstaplern und Schwindlern, die prahlen oder unliebsame Wahrheiten hinter vornehm klingenden Worten verstecken wollen. Kontrastierende Sprechweisen und Stilbrüche verraten jedoch die Diskrepanz zwischen sprachlicher Darstellung und Realität, zwischen List und ehrlicher Absicht. Nestroys Satire trifft also nicht nur eine alltagsferne Literatursprache und ihre inflationär verwendeten sentimentalen Ausdrucksformen, sondern generell einen ›Bildungsjargon‹, von dem man sich nur allzu leicht beeindrucken lässt.

In der Vaudeville-Vorlage fehlen diese sprachlichen Aspekte fast vollständig, zumal auf der französischen Bühne allenfalls leichte umgangssprachliche Färbungen zur Charakterisierung unterer Stände zulässig waren. Für Nestroy ist die gesellschaftliche Position der Figuren für die sprachliche Gestaltung kaum mehr von Bedeutung: Vielmehr wechseln die Figuren aller Klassen das Register, wenn sie sich davon einen Vorteil erhoffen. Dass allenfalls die brave Salome stärker mundartlich spricht und kaum die Stilebene ändert, hat weniger mit ihrem sozialen Status als ihrer unverfälschten Loyalität zu tun. Nestroys Bearbeitung übertrifft die französische Vorlage also vor allem in der sprachlichen Ausarbeitung (vgl. Piok 2017, S. 76–91): nicht nur dank seiner komischen Formulierungskunst, sondern auch, weil er die manipulative Macht einer verlogenen Sprache in den Vordergrund rückt – ein Thema, für das er im 20. Jahrhundert die Bewunderung von sprachbewussten Künstlern wie Karl Kraus, Ödön von Horváth oder Helmut Qualtinger erlangen wird.

Tatsächlich ist es vor allem Nestroys (sprach-)satirische Meisterschaft, die ihn zum Vorbild für moderne Autoren und Autorinnen und zum ›Klassiker‹ der österreichischen Literatur werden lässt. Auf seine Zeitgenossen wirkten die Stücke in ihrer schonungslosen satirischen Schärfe zum Teil befremdlich. Einige Rezensenten sahen sich sogar dazu veranlasst, Nestroy zum Antipoden und ›Zerstörer‹ seines milderen Vorgängers im Vorstadttheater, Ferdinand Raimund, zu stilisieren. Aller Kritik zum Trotz aber galt Nestroy als absoluter Publikumsliebling, der in den Jahren von 1839 bis 1842, in denen seine sogenannten klassischen Possen entstanden, am Höhepunkt seiner Karriere angelangt war (Mautner 1974, S. 222–251). Mit dem *Talisman* gelang ihm schließlich *die* klassische Posse schlechthin: Schon bei der Premiere begeistert aufgenommen, erlebte das Stück bis zum Mai 1841 über fünfzig Aufführungen (Yates 2012, S. 119). Fast jedes Jahr war nun *Der Talisman* in Wien zu sehen, und auch auf Gastspielreisen verbuchte Nestroy mit dem Stück bedeutende Erfolge. Nach seinem Tod im Jahr 1862 erklärte das trauernde Wiener Publikum die Stücke, die man sich nur mit Nestroy in der Hauptrolle vorstellen konnte, für unspielbar – *Der Talisman* aber überlebte: Zwar wurde das Stück über mehrere Jahrzehnte nur wenige Male gegeben, verschwand aber nie ganz von den Spielplänen. Nicht zuletzt dank Karl Kraus' Bemühungen um eine Wiederentdeckung Nestroys – er nahm etwa den *Talisman* in sein Vorlesungsprogramm auf – nahm das Interesse für dieses Stück wieder stetig zu (vgl. HKA, S. 109). Inzwischen gilt *Der Talisman* als eines der besten Nestroy-Stücke überhaupt: Die straffe Handlung, schlagkräftige Dialoge und eine geschickte Komödiendramaturgie sichern ihm einen dauerhaften Platz im Repertoire der österreichischen Bühnen. Als Sozialstück und Gesellschaftssatire, die mit Vorurteilen, sozialen Hierarchien und einer Verlogenheit, die sich insbesondere in einem klischeehaften Sprachgebrauch zeigt, ist *Der Talisman* längst nicht mehr nur ein Spiegel der sozialen Wirklichkeit des Vormärz, sondern heute aktueller denn je.

Maria Piok

Inhalt